中等职业教育汽车运用与维修专业理实一体系列教材
国家中等职业教育改革发展示范学校建设成果

汽车空调维修
理实一体化教材

主　编　陈健健　夏　斌
副主编　史俊涛　罗杰斌　陈源康
参　编　黄广益　彭高颖　莫显波　田晓牛　梁龙军
　　　　宋煦贤　兰斌富　梁子星　周　婷　黄培强

机械工业出版社

《汽车空调维修理实一体化教材》是面向汽车维修技师岗位能力培养而编写的，它强调突出实践操作的重要性，围绕汽车空调的正确使用与维护、汽车空调制冷剂量检查与调整、汽车空调系统的综合故障诊断与排除等内容展开，书中还以实际的故障案例作为情境引入，方便授课教师开展教学。

本书适合中等职业院校汽车运用与维修专业师生课堂使用，配备相应的教学资源文件包，供任课教师使用，可登录 www. cmpedu. com 注册后免费下载。

图书在版编目(CIP)数据

汽车空调维修理实一体化教材/陈健健，夏斌主编.
—北京：机械工业出版社，2016.2(2017.8 重印)
中等职业教育汽车运用与维修专业理实一体系列教材
国家中等职业教育改革发展示范学校建设成果
ISBN 978-7-111-52548-6

Ⅰ.①汽… Ⅱ.①陈…②夏… Ⅲ.①汽车空调-车辆修理-中等专业学校-教材 Ⅳ.①U472.41

中国版本图书馆 CIP 数据核字(2015)第 318467 号

机械工业出版社(北京市百万庄大街 22 号 邮政编码 100037)
策划编辑：赵海青 母云红 责任编辑：赵海青
版式设计：霍永明 责任校对：张玉琴
封面设计：马精明 责任印制：李 飞
北京铭成印刷有限公司印刷
2017 年 8 月第 1 版第 2 次印刷
184mm×260mm · 9 印张 · 206 千字
4001—5500 册
标准书号：ISBN 978-7-111-52548-6
定价：25.00 元

凡购本书，如有缺页、倒页、脱页，由本社发行部调换
电话服务 网络服务
服务咨询热线：010-88379833 机 工 官 网：www.cmpbook.com
读者购书热线：010-88379649 机 工 官 博：weibo.com/cmp1952
教育服务网：www.cmpedu.com
金 书 网：www.golden-book.com

丛 书 序

第二次世界大战以后，德国的综合国力和经济水平迅速崛起，这在很大程度上应归功于德国高度发达的职业教育体制，尤其是20世纪六七十年代兴起的“双元制”职业教育体制，被喻为德国经济发展的“秘密武器”，成为德国职业教育的代名词。目前，有很多汽车职业学校和教育专家都在研发以德国“双元制”教育为基础的汽车教育体系，在市场上也有许多“双元制”教材，其中有德国教材的翻译本，也有我国专家的自编版本。但是，目前德国本土教材难以适应我国国情，我国自编教材又无法完全脱离传统职业教育。

为此，广西南宁第四职业技术学校结合示范校建设，组织力量编写了本套教材。本套教材由教材编写委员会主任杨筱玲、郑应，副主任凌小冰、林才丰领衔，带领广西南宁第四职业技术学校汽车运用与维修专业的教师以及校企合作企业的专家，进行了前期的研究和调研，同时在我国现行教育方针的指导下，根据中等职业学校在校生的学习特点和发展需要，形成了中等职业学校汽车运用与维修专业课程设置和教材编写的整体思路。

本系列教材是根据德国汽车职业教育模式要求，经过本地化改编而成的，以面向工作过程的学习领域为基础组织编写内容，旨在引导教师能够按照项目教学法、工作流程导向法、情景教学法组织教学，实现培养学生专业能力、个人能力和社会能力的教学目标。

本系列教材以德国“双元制”教学的精髓为基础，同时又兼顾广大教师、学生和汽车爱好者的学习需求。教材内容以汽车4S店车间的工作情景为背景展开，强调利用案例、项目和行动导向等方法实施教学并且按照“资讯—决策—计划—实施—检查评估—知识链接”六步法进行编写。

资讯——完成任务所需要的基础知识、资料信息、工具使用方法等。

决策——对学生进行分组，明确负责人以及各组员职责。老师对各组项目/任务进行布置，引导学生对故障进行相应的问诊，提示学生安全注意事项以及做好准备工作。

计划——学生根据理论知识以及参考维修手册，对照已经制订好的工作计划准备工作。

实施——教师准备场地、设备设施、工具资料等；学生按照工作计划进行实施，并将实施的结果填写到相应的表格内。

检查评估——通过学生互相考核、老师抽考等方式验证学生掌握的内容（填空、问答、演讲等），并且对本次学习的内容进行总结、汇总、延伸。

知识链接——当前执行的项目/任务相关的知识拓展。

本系列教材力图在内容上贴合职业岗位所要掌握的技能，主要介绍了为完成工作任务需要掌握的知识及安全注意事项；在编写上，倡导以学生为主体，促使其做出相应的决策以及制订相关计划，在实施中不断记录工作内容和步骤，最后结合理论知识进行讨论、发表演讲等各种形式的总结，以帮助学生实现今后步入社会所需要的专业能力、社会能力和方法能力有效的统一。考虑到各院校所使用的实训车辆不同，本系列教材中并没有介绍拆装方法，而是不断引导学习者使用实训车辆的维修手册，将所查到的数据及个人经验记录在本教材项目

单中，这样不仅实现了“因车而异”的原则，还可以培养学习者在工作中查阅、记录的良好习惯。

本系列教材包括6种，分别为《汽车发动机维修理实一体化教材》《汽车底盘维修理实一体化教材》《汽车电气维修理实一体化教材》《汽车空调维修理实一体化教材》《汽车车身修复理实一体化教材》《汽车涂装理实一体化教材》。希望本套教材能够成为中职汽车运用与维修专业学生在学习汽车专业知识、掌握维修实践技能、培养良好工作习惯等方面的良师益友，同时也希望使用本系列教材的教师和学生，不吝指正，随时提出宝贵的修改意见，以期进一步对本系列教材进行修订、完善。

汽车运用与维修专业理实一体系列教材编审委员会

前　　言

《汽车空调维修理实一体化教材》是针对汽车修理与维护技师岗位能力培养而编写的。本书围绕汽车空调的正确使用与维护、汽车空调制冷剂量检查与调整、汽车空调系统综合故障诊断与排除等内容展开，并以实际车间为背景环境开展教学。

本书教学采用70学时，主要任务是通过学生查阅、分析电路，学习查阅维修资料的方法；通过动手拆装，学习汽车空调各部件的安装位置和构造；通过实际故障案例分析，学习汽车空调各部件的作用与原理；通过实车操作，学习汽车空调故障排除的方法。通过该领域的学习，能够使学生根据汽车空调的基本构造和工作原理对汽车空调系统进行检测和维修。

每个学习情境通过一个真实的案例展开，引出需要学习的内容。通过解决这个案例，完成若干项目或任务，从而完成需要学习的内容。

本书内容按照“资讯—决策—计划—实施—检查评估—知识链接”六步法进行编写。其中：

资讯——完成任务所需要的基础知识、资料信息、工具使用方法等。

决策——对学生进行分组，明确负责人以及各组员职责。老师对各组项目/任务进行布置，引导学生对故障进行相应的问诊，提示学生安全注意事项以及做好准备工作。

计划——学生根据理论知识以及参考维修手册，对照已经制订好的工作计划准备工作。

实施——教师准备场地、设备设施、工具资料等；学生按照工作计划实施，并将实施的结果填写到相应的表格内。

检查评估——通过学生互相考核、老师抽查等方式验证学生掌握的内容(填空、问答、演讲等)，并且对本次学习的内容进行总结、汇总、延伸。

知识链接——当前执行的项目/任务相关的知识拓展。

通过本领域的学习，能够为后续领域的学习打下坚实的基础。

由于编者水平和能力有限，书中可能会出现一些错误，敬请广大读者批评指正！

编　　者

目　　录

1

情境一 汽车空调的正确使用与维护

学习目标

➤ 知识目标：

1. 理解汽车手动、自动空调整体结构和基本工作原理。
2. 理解汽车空调的蒸发器、鼓风机结构和基本工作原理。

➤ 能力目标：

1. 能正确操作汽车手动、自动空调。
2. 能对汽车空调出风口风量及温度、湿度进行检查。
3. 能对汽车空调滤清器进行清洁和更换。
4. 能对汽车空调冷凝器进行清洁与维护。

➤ 素养目标：

1. 培养学生的学习、工作的主动性，养成良好的5S管理习惯。
2. 培养学生的观察和动手能力。
3. 培养学生良好的团队协作精神。
4. 培养学生自我学习汽车新知识、新技术的能力；崇尚实践，热爱专业的职业素养。

情境导入

车型：2012年科鲁兹汽车。

故障现象：一辆2012款科鲁兹汽车车主多次反映空调系统有故障，但是维修人员检查后发现空调系统故障都属于正常状况。最后发现故障原因为车主不会正确操作空调系统导致空调系统工作效果不良。因此需就空调系统的正确使用操作向车主进行示范讲解；同时还对空调系统的常见维护进行讲解。

故障原因：车主不会正确操作空调系统导致空调系统工作效果不良。

如何正确使用汽车空调系统？如何对汽车空调系统的进行维护作业？

项目一　汽车空调的正确使用

➢ 学习目标

1. 能够掌握汽车手动空调面板的正确操作方法。
2. 能够掌握汽车自动空调面板的正确操作方法。
3. 能够掌握汽车后风窗及后视镜的加热除霜操作。
4. 能够熟练操作空调的面板。

➢ 学习内容

1. 参考使用说明书认识汽车空调的面板上的操作按钮及作用。
2. 汽车空调使用的注意事项。
3. 制定操作步骤，填写项目单。

任务一　汽车手动空调面板的正确操作方法

一、资讯

汽车空调开关及旋钮的认识，名称如图 1-1-1-1 所示。

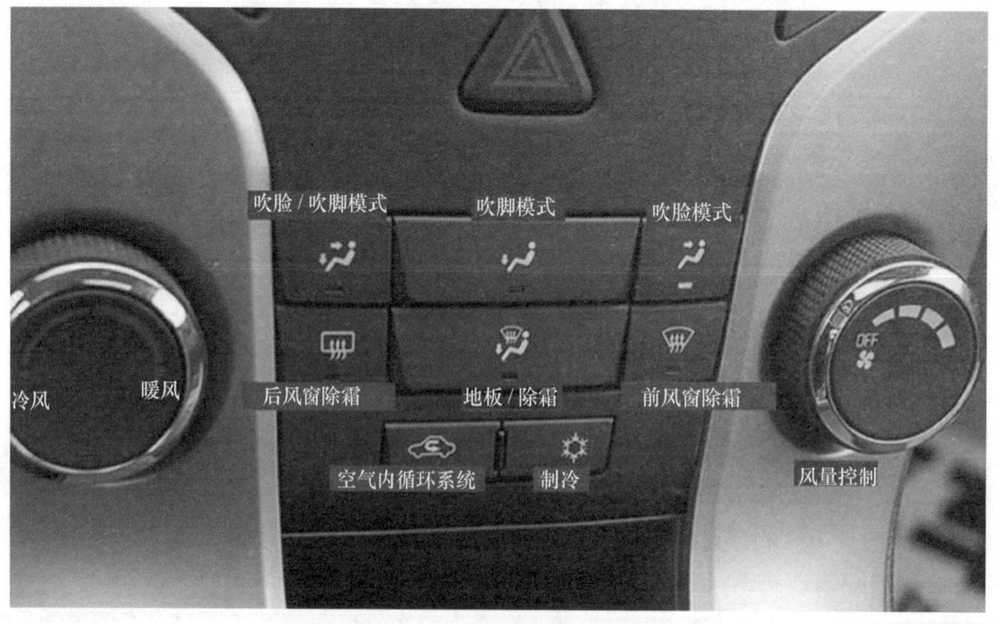

图 1-1-1-1　空调面板

二、决策

每6人一组，每组选出一名负责人，负责人进行小组任务分配，组员按负责人要求完成相关任务内容，并将自己所在小组的任务及个人任务内容填入任务决策表(表1-1-1-1)中。

表1-1-1-1　任务决策表

序号	小组任务	个人职责(任务)	负责人

三、计划

根据任务内容制订任务计划，简要说明任务实施过程及注意事项，并填入表1-1-1-2中。

表1-1-1-2　任务计划表

车型	2012款科鲁兹	工作内容	汽车手动空调面板的正确操作方法
序号	工作步骤		
1	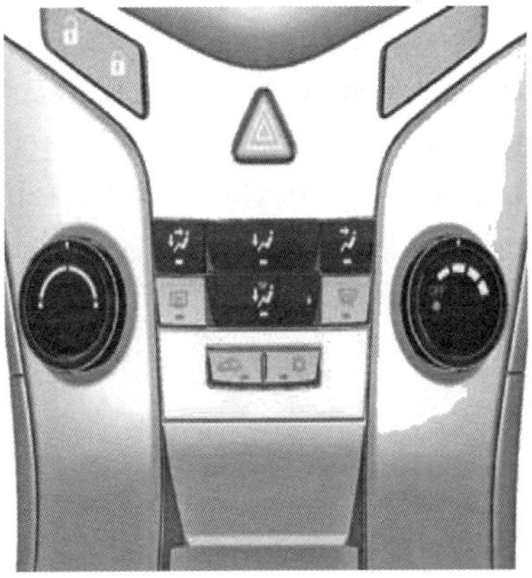		1. 温度的控制 通过转动旋钮调节温度 红色区域=暖风；蓝色区域=冷风 直到发动机达到工作温度，才能够完全实现加热功能 2. 送风模式 按下按钮选择出风模式 =吹脸/ 吹脚模式；=吹脚模式 =吹脸模式；=吹脚/ 除霜 已被选中的模式可由按钮中的LED指示灯显示 3. 风量控制 调节右侧旋钮来获得期望的风速
2	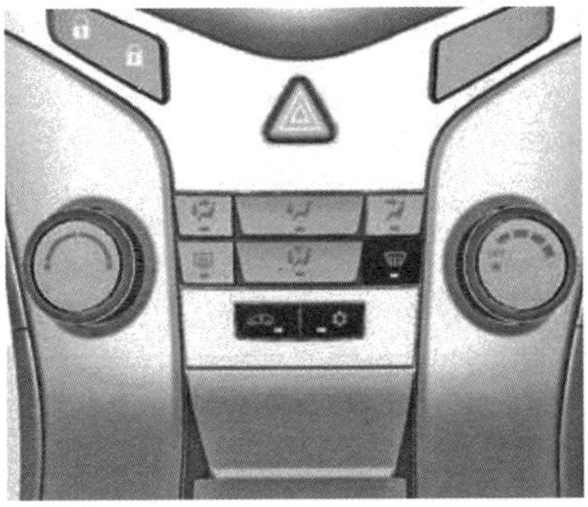		4. 制冷 用按钮操作，只有当发动机和风扇运行时才能起作用 当外界温度稍微高于结冰点时，制冷系统会冷却和干燥流入的空气，因此会形成冷凝水并从车辆底部滴下。如果不需要冷却或除湿功能，关闭制冷系统，以节省燃油 5. 空气内循环模式 空气循环模式的切换通过按钮进行操作

（续）

车型	2012款科鲁兹	工作内容	汽车手动空调面板的正确操作方法
3			6. 除雾和除霜 按下按钮：风扇会切换到较大风速，大部分风量会吹向前风窗玻璃 （1）打开制冷系统 （2）将温度控制调到最暖位置 （3）开启后窗加热功能 可根据需要打开边侧通风口，将气流导向侧窗
4			7. 最大制冷 暂时打开车窗，以便热空气可以快速散出 （1）打开制冷系统 （2）打开内循环模式 （3）按下吹脸模式按钮 （4）将温度控制调到最冷位置 （5）将风量设置到最大 （6）打开所有出风口 注意：设置指示—选中功能可由按钮中的LED指示灯指示

四、实施

（1）实践准备，见表1-1-1-3。

表1-1-1-3　实践准备安排表

场地准备	6人用实习场地一块，对应数量的课桌椅，黑板一块
工量（备件）具准备	常用工具、量具
资料准备	教学课件、项目单；视频教学资料；网络教学资源；2012款科鲁兹汽车维修手册一套
实践车辆预准备	（1）车辆停放举升机位，以便随时举升用 （2）打开发动机舱盖，做好发动机舱及车内的防护工作

（2）实施计划并完成表1-1-1-4的填写。

表 1-1-1-4　实施计划表

车型：		压缩机型号：	
步骤	操作旋钮开关名称	功用	注意事项
1			
2			
3			
4			
5			
6			
7			
8			

五、检查评估

评价表见表 1-1-1-5。

表 1-1-1-5　评　价　表

姓名：			学号：		用时：			
序号	项目	评分项目		评价标准	分值	学生自评	学生互评	教师评价
1	场地准备（5 分）	按规定时间完成场地准备作业		未按时完成扣 5 分	5			
2	质量要求（70 分）	工具准备	工具准备齐全	工具缺漏每次扣 1 分	2			
3		发动机舱检查	发动机舱盖开启正常	检查方法不对扣 1 分	1			
			发动机润滑油油位	检查方法不对扣 1 分	1			
			冷却液量	检查方法不对扣 1 分	1			
			蓄电池电解液量或指示器颜色	未正确检查扣 1 分	1			
			蓄电池端子松动、腐蚀情况	未正确检查每项扣 1 分	1			
			发动机舱盖支撑杆固定情况	未作检查扣 1 分	1			
4		认识空调开关及旋钮	能准确说明汽车空调开关及旋钮的功能	答错一个扣 1 分	10			
5		决策与分工	各组员合理分工	分工不合理扣 2 分	2			
			记录决策过程（工作步骤）	记录不完整扣 2 分	2			
6		按照要求正确操作	按照正确的操作步骤操作空调旋钮	操作错误每次扣 2 分	12			
7		根据教师的要求操作	送风模式操作	未正确操作每次扣 2 分	12			
			除雾和除霜操作	未正确操作每次扣 2 分	12			
			最大制冷操作	未正确操作每次扣 2 分	12			

（续）

<table>
<tr><th>序号</th><th>项目</th><th colspan="2">评分项目</th><th>评价标准</th><th>分值</th><th>学生自评</th><th>学生互评</th><th>教师评价</th></tr>
<tr><td rowspan="2">8</td><td rowspan="8">5S 情况（10 分）</td><td rowspan="2">工作着装</td><td>干净整洁，无配饰</td><td>未按工作要求着装扣 2 分</td><td>2</td><td></td><td></td><td></td></tr>
<tr><td>穿着工作鞋</td><td>未穿工作鞋扣 1 分</td><td>1</td><td></td><td></td><td></td></tr>
<tr><td rowspan="3">9</td><td rowspan="3">作业中</td><td>工作台摆放</td><td>摆放无序扣 1 分</td><td>1</td><td></td><td></td><td></td></tr>
<tr><td>量具放置</td><td>随意摆放一次扣 1 分</td><td>1</td><td></td><td></td><td></td></tr>
<tr><td>工具车及工具及时复位</td><td>不及时复位扣 1 分</td><td>2</td><td></td><td></td><td></td></tr>
<tr><td rowspan="3">10</td><td rowspan="3">车辆、零件及时清洁</td><td>场地清洁</td><td>清洁不到位扣 1 分</td><td>1</td><td></td><td></td><td></td></tr>
<tr><td>废弃物处理</td><td>不按要求处理废弃物扣 1 分</td><td>1</td><td></td><td></td><td></td></tr>
<tr><td>设备等清洁归位</td><td>未及时清洁设备及归位扣 1 分</td><td>1</td><td></td><td></td><td></td></tr>
<tr><td rowspan="3">11</td><td rowspan="3">工作安全（10 分）</td><td rowspan="3">整体操作中</td><td>作业操作</td><td>操作姿势一次不正确扣 1 分，操作不规范扣 1 分</td><td>5</td><td></td><td></td><td></td></tr>
<tr><td>操作中人身损伤</td><td>出现人身损伤扣 5 分</td><td>5</td><td></td><td></td><td></td></tr>
<tr><td>重大安全事故</td><td>出现重大安全事故直接停止操作，总分计 0 分</td><td></td><td></td><td></td><td></td></tr>
<tr><td rowspan="2">12</td><td rowspan="2">工作单填写情况（5 分）</td><td rowspan="2">工作单填写</td><td>整齐如实填写</td><td>未如实填写每次扣 1 分</td><td>3</td><td></td><td></td><td></td></tr>
<tr><td>作业前查看，作业后及时填写</td><td>作业前不查看工作单、作业后不及时填写每次扣 1 分</td><td>2</td><td></td><td></td><td></td></tr>
<tr><td colspan="5">本项目得分</td><td colspan="4">100</td></tr>
<tr><td colspan="9">日期：</td></tr>
</table>

六、知识链接

如何正确使用汽车空调

汽车空调是驾驶人在夏天的重要工具，汽车空调如果使用不当，除了可能会对身体造成不健康影响外，甚至可能引起生命危险。希望驾驶人在开车时能避免以下误区。

误区一：一上车就开启空调

危害：车辆刚刚起动，立即打开空调会增加发动机负荷，长此以往，容易对发动机造成伤害。同时，由于车内有大量塑料制品，在日光暴晒下会产生一些有害气体，上车就开启空调，密闭环境下会吸入更多有害气体，会对人体健康造成危害。

误区二：长时间使用内循环

危害：内循环模式时，车内的空气和外界是完全隔绝的。长时间使用内循环，会导致车内人员感到缺氧甚至失去知觉。此种状态下在车内睡觉更危险。应每隔一段时间切切换一下内、外循环。

误区三：熄火前直接关空调

危害：空调在运行过程中会把车内的许多湿气吸到空调蒸发器里，如果在熄火前直接关闭空调，会导致蒸发器里的湿气无法排出，从而使蒸发器逐渐产生霉变，对车主的健康形成隐患。应在停车前关闭空调，开启自然风，使空调管道温度回升，消除与外界的温差，从而保持空调系统的相对干燥，防止霉菌滋生。

误区四：停车等人开启空调

危害：汽车在停驶的状态下，因为几乎没有空气流通，散热器只能通过风扇进行强制散热。风扇长时间高速转动，对风扇的寿命有一定影响，从而影响散热器的使用寿命，并影响空调的制冷效果。

任务二　汽车自动空调面板的正确操作方法

一、资讯

汽车自动空调能够根据车厢内外的各种传感器（车室内温度、车室外温度、日照强度、蒸发器出口温度、发动机冷却液温度等）的输出信号，由电子控制系统中的控制中枢进行运算，计算出所需要的送风温度，然后把信息传递给执行机构，对风门、热水阀、电磁离合器、鼓风机等进行自动控制，按照乘员的要求使车厢内的温度保持恒定。

汽车自动空调系统由制冷系统、取暖系统、通风（配气）系统、自动控制系统和空气净化系统五部分组成。

（1）制冷系统　制冷系统由压缩机、冷凝器、膨胀阀、蒸发器等元件组成。制冷方式采用蒸气压缩式，利用制冷剂蒸发时吸收的热量来实现车内温度的降低。作为冷源的蒸发器，其温度低于空气的露点温度（空气中的水蒸气变为露珠时候的温度），因此，制冷系统还具有除湿和空气净化作用，使车内空气变得凉爽。

（2）取暖系统　取暖系统多采用冷却液加热式，将发动机出水口的冷却液通入暖风水箱，用鼓风机将水箱周围的热空气吹入车内。暖风还可以对前风窗玻璃进行除霜和除雾。

（3）通风系统　通风系统能吸入新鲜空气，并将冷风、暖风、新鲜空气进行混合，并把混合气分配到车厢不同位置的装置。主要有送风道、风门等部件。目前，采用最多的通风系统是全空调方式，即把车外空气和车内空气经风门调节后，通过蒸发器冷却、除湿，部分进入加热器，出来的冷、暖风再混合，然后按照要求送入车内。

（4）自动控制系统　自动控制系统由传感器、控制中枢、执行器三部分组成，一方面对制冷和加热的温度进行控制，另一方面对车内空气的温度、风量和流向进行测量控制。

二、决策

每 6 人一组，每组选出一名负责人，负责人按小组任务进行分配，组员按负责人要求完成相关任务内容，并将自己所在小组及个人任务内容填入任务决策表 1-1-2-1 中。

表 1-1-2-1　任务决策表

序号	小组任务	个人职责（任务）	负责人

三、计划

根据任务内容制定任务计划，简要说明任务实施过程及注意事项，并填入表 1-1-2-2 中。

表 1-1-2-2　汽车自动空调的总体认识

车型	2012 款科鲁兹	工作内容	汽车手动空调面板的正确操作方法
序号	工作步骤		
1			1. 自动控制模式： AUTO＝自动模式，除温度以外的所有设置都由系统自动控制 温度＝预先选择所需的温度 以下的功能可以改为手动，系统不再处于全自动模式： 风量＝可调节风量大小 MODE ＝ 送风模式选择 ＝ 除雾和除霜 ＝后窗加热 ＝ 系统启用和关闭 ＝ 制冷的启用和关闭 ＝ 内循环模式 AQS ＝ 空气质量传感器 系统根据预设的温度自动进行调整。在自动模式下，风量控制和送风模式会自动调整。选择风量控制和送风模式，可手动调整该系统
2			2. 设置显示 设置的每项更改会在信息娱乐显示屏上显示几秒。按钮中的 LED 显示启用的功能
3			3. 温度预先选择 转动旋钮来设置所需的温度值 红色区域＝ 暖风；蓝色区域＝冷风 如果设定了最低温度，温度控制系统以最大制冷能力运行 如果设定了最高温度，温度控制系统以最大制热能力运行 4. 除雾和除霜 1）按下按钮 2）温度和送风模式会自动进行设置，鼓风机以较高速运行 3）需开启后窗加热功能可按下按钮

（续）

车型	2012 款科鲁兹	工作内容	汽车手动空调面板的正确操作方法
4			5. 手动设置 温度控制系统的设置可通过启用如下按钮和旋钮进行更改。设置更改会解除全自动模式 （1）风量控制。旋转右旋钮。显示屏上的数字显示所选的风扇转速 若想回到全自动模式：按下 AUTO 按钮 （2）送风模式。再次按下 MODE 按钮进行调整，送风模式的设置显示在信息显示屏上 =吹脸/ 吹脚/ 除霜 =吹脚/ 除霜 =吹脚模式
5			=吹脸模式 =吹脸/ 除霜模式 按下 AUTO 按钮回到全自动模式 （3）制冷模式。用按钮启用或关闭制冷模式 当外界温度高于结冰点时，空调系统会冷却和干燥流入的空气。因此会形成冷凝水并从车辆底部滴下。如果不需要冷却或除湿功能，关闭制冷系统，以节省燃油 （4）手动内循环模式。手动内循环模式通过按钮进行操作。启用后，外部进风口被锁，进入内循环模式
6			6. 出风口的调节 当冷却系统开启时，为防止蒸发器由于缺少空气流动而结冰，必须至少打开一个出风口 对于两侧出风口，若想打开出风口，旋转调节轮至，若想关闭出风口，旋转调节轮至 对于中央出风口，旋转轮拨至左边关闭出风口，拨至右边打开出风口

四、实施

（1）实践准备，如表 1-1-2-3 所示。

表 1-1-2-3　实践准备安排表

场地准备	6 人用实习场地一块，对应数量的课桌椅，黑板一块
工量（备件）具准备	常用工具
资料准备	教学课件、项目单；视频教学资料；网络教学资源；2012 款科鲁兹汽车维修手册一套
实践车辆预准备	1. 车辆停放举升机位，以便随时举升用 2. 打开发动机舱盖，做好发动机舱及车内的防护工作

（2）实施计划并完成表 1-1-2-4 的填写。

表 1-1-2-4　实施计划表

<table>
<tr><td colspan="2">车型：</td><td colspan="2">压缩机型号：</td></tr>
<tr><th>步骤</th><th>操作旋钮开关名称</th><th>功用</th><th>注意事项</th></tr>
<tr><td>1</td><td></td><td></td><td></td></tr>
<tr><td>2</td><td></td><td></td><td></td></tr>
<tr><td>3</td><td></td><td></td><td></td></tr>
<tr><td>4</td><td></td><td></td><td></td></tr>
<tr><td>5</td><td></td><td></td><td></td></tr>
<tr><td>6</td><td></td><td></td><td></td></tr>
<tr><td>7</td><td></td><td></td><td></td></tr>
<tr><td>8</td><td></td><td></td><td></td></tr>
</table>

五、检查评估

评价表如表 1-1-2-5 所示。

表 1-1-2-5　评　价　表

<table>
<tr><td colspan="3">姓名：</td><td colspan="2">学号：</td><td colspan="4">用时：</td></tr>
<tr><th>序号</th><th>项目</th><th colspan="2">评分项目</th><th>评价标准</th><th>分值</th><th>学生自评</th><th>学生互评</th><th>教师评价</th></tr>
<tr><td>1</td><td>场地准备（5 分）</td><td colspan="2">按规定时间完成场地准备作业</td><td>未按时完成扣 5 分</td><td>5</td><td></td><td></td><td></td></tr>
<tr><td>2</td><td rowspan="14">质量要求（70 分）</td><td>工具准备</td><td>工具准备齐全</td><td>工具缺漏每次扣 1 分</td><td>2</td><td></td><td></td><td></td></tr>
<tr><td rowspan="6">3</td><td rowspan="6">发动机舱检查</td><td>发动机舱盖正常开启</td><td>检查方法不对扣 1 分</td><td>1</td><td></td><td></td><td></td></tr>
<tr><td>发动机润滑油油位</td><td>检查方法不对扣 1 分</td><td>1</td><td></td><td></td><td></td></tr>
<tr><td>冷却液量</td><td>检查方法不对扣 1 分</td><td>1</td><td></td><td></td><td></td></tr>
<tr><td>蓄电池电解液量或指示器颜色</td><td>未正确检查扣 1 分</td><td>1</td><td></td><td></td><td></td></tr>
<tr><td>蓄电池端子松动、腐蚀情况</td><td>未正确检查每项扣 1 分</td><td>1</td><td></td><td></td><td></td></tr>
<tr><td>发动机舱盖支撑杆固定情况</td><td>未作检查扣 1 分</td><td>1</td><td></td><td></td><td></td></tr>
<tr><td>4</td><td>认识空调开关及旋钮</td><td>能准确说明汽车空调开关及旋钮的功能</td><td>答错一个扣 1 分</td><td>10</td><td></td><td></td><td></td></tr>
<tr><td rowspan="2">5</td><td rowspan="2">决策与分工</td><td>各组员合理分工</td><td>分工不合理扣 2 分</td><td>2</td><td></td><td></td><td></td></tr>
<tr><td>记录决策过程（工作步骤）</td><td>记录不完整扣 2 分</td><td>2</td><td></td><td></td><td></td></tr>
<tr><td>6</td><td>按照要求正确操作</td><td>按照正确的操作步骤操作空调旋钮</td><td>操作错误每次扣 2 分</td><td>12</td><td></td><td></td><td></td></tr>
<tr><td rowspan="3">7</td><td rowspan="3">根据教师的要求操作</td><td>送风模式操作</td><td>未正确操作每次扣 2 分</td><td>12</td><td></td><td></td><td></td></tr>
<tr><td>除雾和除霜操作</td><td>未正确操作每次扣 2 分</td><td>12</td><td></td><td></td><td></td></tr>
<tr><td>最大制冷操作</td><td>未正确操作每次扣 2 分</td><td>12</td><td></td><td></td><td></td></tr>
</table>

（续）

序号	项目	评分项目		评价标准	分值	学生自评	学生互评	教师评价
8	5S 情况（10 分）	工作着装	干净整洁，无配饰	未按工作要求着装扣 2 分	2			
			穿着工作鞋	未穿工作鞋扣 1 分	1			
9		作业中	工作台摆放	摆放无序扣 1 分	1			
			量具放置	随意摆放一次扣 1 分	1			
			工具车及工具及时复位	不及时复位扣 1 分	2			
10		车辆、零件及时清洁	场地清洁	清洁不到位扣 1 分	1			
			废弃物处理	不按要求处理废弃物扣 1 分	1			
			设备等清洁归位	未及时清洁设备及归位扣 1 分	1			
11	工作安全（10 分）	整体操作中	作业操作	操作姿势一次不正确扣 1 分，操作不规范扣 1 分	5			
			操作中人身损伤	出现人身损伤扣 5 分	5			
			重大安全事故	出现重大事故直接停止操作，总分计 0 分				
12	工作单填写情况（5 分）	工作单填写	整齐如实填写	未如实填写每次扣 1 分	3			
			作业前查看，作业后及时填写	作业前不查看工作单、作业后不及时填写，每次扣 1 分	2			
本项目得分					100			
日期：								

六、知识链接

自动恒温空调，不只是实现了数字化可调，其最大的区别是在空调的压缩机。全自动恒温空调采用的是变容量的压缩机。这种压缩机的使用，不但提高了乘坐的舒适性，更重要的是提高了燃油经济性，降低了使用空调状态下的功耗损失。

汽车空调的工作原理不同于家用空调，因为汽车空调不是用电来驱动其工作的。汽车空调的压缩机是通过电磁离合器及传动带与发动机曲轴连接取得动力的。汽车空调的开与关是通过控制电磁离合器实现的。发动机运行时，压缩机的转速是没有办法调节的，所以要实现变频机的功能，就需要通过调整压缩机的工作容积来实现对制冷剂的连续可变调节。而普通汽车的空调是非变容压缩机，空调出风口温度是固定的，能通过改变风量和温度设定的手动开关来控制空调温度的。

项目二　汽车空调系统的维护

➢ 学习目标

1. 能够能通过空调出风口风量及温度、湿度的检查，掌握判断故障的方法。
2. 能够掌握汽车空调乘客厢空气滤清器的清洁及更换的方法。
3. 能够对汽车空调冷凝器进行清洁与维护。
4. 能够对整体的空调维护工作进行归纳、总结。

➢ 学习内容

1. 按照说明书会使用出风口风量检测仪、温度计、湿度计。
2. 空调乘客厢空气滤清器的清洁及更换方法。
3. 清洁和维护空调冷凝器。
4. 制订维护计划，填写项目单。

任务一　汽车空调出风口风量及温度、湿度的检查

一、资讯

出风口温度的高低是最直观地判断空调是否良好的标准。对于非变排量的空调压缩机来说，在规定的测试条件下，出风口温度应低于 10℃，而对于变排量压缩机的车辆应低于 7℃，如果高于这温度，就应该参考维修手册找出原因所在并将故障排除。

检测程序(图 1-2-1-1)：将车放在阴凉处，预热发动机到正常温度，将车门全开。

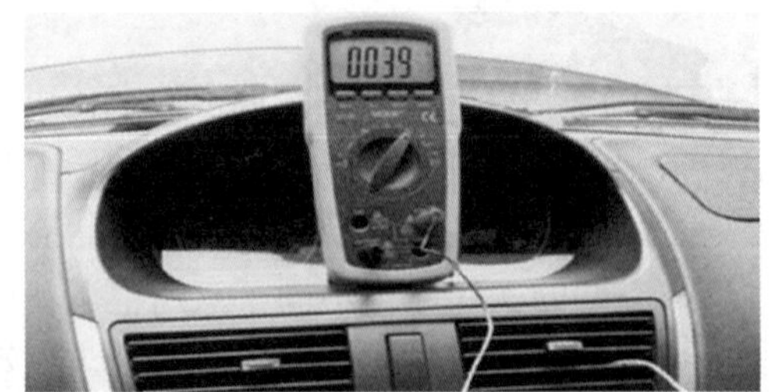

图 1-2-1-1　汽车空调出风口温度检测

（1）测试准备（手动空调）。

（2）将冷暖旋钮设置到最冷。

（3）将模式旋钮设置到吹脸模式。

（4）将风量旋钮设置到最高档，并且设定为内循环模式。

（5）出风口处于全开位置，并且风向为水平方向。

（6）温度计要求精度为± 0. 5°C ；数显式温度计；能记忆最低温度记录，并能进行复位

检查。

（7）A/C 开关设置为 OFF。

二、决策

每 6 人一组，每组选出一名负责人，负责人进行小组任务分配，组员按负责人要求完成相关任务内容，并将自己所在小组任务及个人任务内容填入任务决策表(表 1-2-1-1)中。

表 1-2-1-1　任务决策表

序号	小组任务	个人职责(任务)	负责人

三、计划

根据任务内容制订任务计划，简要说明任务实施过程及注意事项，并填入表 1-2-1-2 中。

表 1-2-1-2　任务计划表

车型	2012 款科鲁兹	工作内容	汽车空调出风口风量及温度、湿度的检查
序号	工作步骤		
1	将车移至工位，用举升机将车顶至车轮离地即可		
2	准备风速仪、温度计、湿度计		
3	预热发动机至正常工作温度		
4	按照维修手册上的测试要求将空调的开关及旋钮开至相应的位置		
5	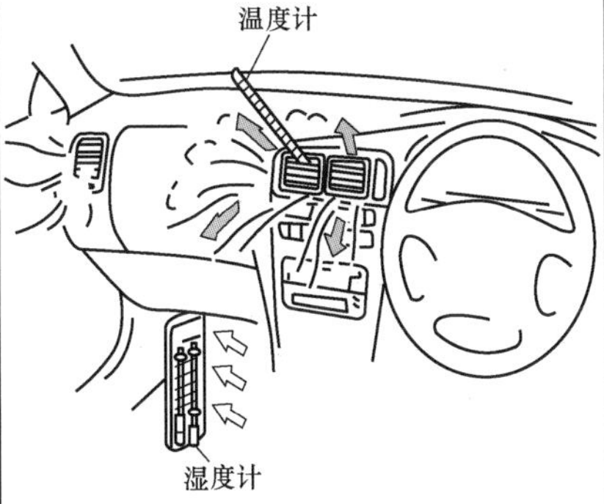 温度计 湿度计	安装风速仪、温度计、湿度计	
6	测试并做好相关数据的记录，根据维修手册判断空调系统工作是否正常		

四、实施

（1）实践准备，见表 1-2-1-3。

表 1-2-1-3　实践准备安排表

场地准备	6 人用实习场地一块，对应数量的课桌椅，黑板一块
工量（备件）具准备	常用工具、风速仪、温度计、湿度计
资料准备	教学课件、项目单；视频教学资料；网络教学资源；2013 款科鲁兹汽车维修手册一套
实践车辆预准备	（1）车辆停放举升机位，以便随时举升用 （2）打开发动机罩，做好发动机舱及车内的防护工作

（2）实施计划并完成表 1-2-1-4 的填写。

表 1-2-1-4　实施计划表

车型：2012 款科鲁兹		压缩机型号：			
步骤	发动机转速	风量旋钮位置	使用工具	数据	注意事项
1					
2					
3					
4					
5					

五、检查评估

评价表见表 1-2-1-5。

表 1-2-1-5　评　价　表

姓名：			学号：			用时：		
序号	项目	评分项目		评价标准	分值	学生自评	学生互评	教师评价
1	场地准备（5 分）	按规定时间完成场地准备作业		未按时完成扣 5 分	5			
2	质量要求（70 分）	工具准备	工具准备齐全	工具缺漏每次扣 1 分	2			
3		发动机舱检查	发动机舱盖开启正常	检查方法不对扣 1 分	1			
			发动机润滑油油位	检查方法不对扣 1 分	1			
			冷却液量	检查方法不对扣 1 分	1			
			蓄电池电解液量或指示器颜色	未正确检查扣 1 分	1			
			蓄电池端子松动、腐蚀情况	未正确检查每项扣 1 分	1			
			发动机舱盖支撑杆固定情况	未做检查扣 1 分	1			

（续）

序号	项目	评分项目		评价标准	分值	学生自评	学生互评	教师评价
4	质量要求（70 分）	车辆空调外观检查	空调压缩机（目测）	未作检查每次扣 1 分	1			
			发动机舱空调管路	检查不完整每次扣 1 分	1			
			冷凝器（目测）	未作检查每次扣 1 分	1			
			蒸发器排水口是否有油	未作检查每次扣 1 分	1			
5		决策与分工	各组员分工是否合理	分工不合理扣 2 分	2			
			记录决策过程（工作步骤）	记录不完整扣 2 分	2			
6			写出风量及温度、湿度检查步骤	未完成扣 2 分	8			
		制订任务计划	写出操作步骤的注意事项	未完成扣 2 分	8			
			计划表交给指导教师审核是否有安全问题	未交表扣 6 分	6			
7			将车辆顶至车轮离地	操作不正确扣 2 分	2			
		操作	准备风速仪、温度计、湿度计	未准备扣 2 分	2			
			预热发动机至正常工作温度	未预热发动机扣 2 分	2			
			按照维修手册正确安装仪器	不正确扣 2 分	2			
			读出检测结果	未正确读出数据的扣 2 分	8			
			记录各测试结果	记录不完整每次扣 2 分	8			
8		报出检测结果	向指导教师汇报检测数据	未汇报扣 2 分	2			
			分析检测结果	不会分析扣 2 分	2			
			经指导教师同意后恢复场地	不恢复扣 2 分	2			
			复检	未复检扣 2 分	2			
9	5S 情况（10 分）	工作着装	干净整洁，无配饰	未按工作要求着装扣 2 分	2			
			穿着工作鞋	未穿工作鞋扣 1 分	1			
10		作业中	工作台摆放	摆放无序扣 1 分	1			
			量具放置	随意摆放一次扣 1 分	1			
			工具车及工具及时复位	不及时复位扣 1 分	2			
11		车辆、零件及时清洁	场地清洁	清洁不到位扣 1 分	1			
			废弃物处理	不按要求处理废弃物扣 1 分	1			
			设备等清洁归位	未及时清洁设备及归位扣 1 分	1			

（续）

序号	项目	评分项目		评价标准	分值	学生自评	学生互评	教师评价
12	工作安全（10分）	整体操作中	作业操作	操作姿势一次不正确扣1分，操作不规范扣1分	5			
			操作中人身损伤	出现人身损伤扣5分	5			
			重大安全事故	出现重大安全事故直接停止操作，总分计0分				
13	工作单填写情况（5分）	工作单填写	整齐如实填写	未如实填写每次扣1分	3			
			作业前查看，作业后及时填写	作业前不查看工作单、作业后不及时填写每次扣1分	2			
本项目得分					100			
日期：								

六、知识链接

1. 自动空调出风口温度及湿度检测注意事项

（1）温度开关设置到“LO”。

（2）模式开关设置到吹脸模式。

（3）风量开关设置为50%风速。

（4）出风口处于全开位置，并且风向为水平方向。

（5）温度计要求精度± 0. 5℃ ；数显式；能记忆最低温度记录，并复位检查。

（6）A/C 开关设置为 OFF ，内外循环模式设置为内循环。

2. 温度计安装

将探针支撑在出风口上，并伸进中央风道(中间风口)5cm，确保探针顶端自由地处于风道中，不能接触风口或风道壳体。

3. 温度、湿度、风量测试

（1）针对手动空调，起动发动机并立即将 A/C 开关设置为 ON。

针对自动空调，起动发动机并立即将 A/C 开关设置为 ON，内外循环模式设置为内循环。

（2）在发动机转速 1100r/min 左右情况下，空调首先运行 30s，然后发动机一直处于怠速工况下。

（3）如果中央出风口达不到规范值，空调系统应根据维修手册进行检查和维修。

任务二　汽车空调乘客厢空气滤清器清洁及更换

一、资讯

汽车空调乘客厢空调滤清器清洁及更换流程见表 1-2-2-1。

表 1-2-2-1　空调滤清器清洁及更换

车型	2012 款科鲁兹	工作内容	空调滤清器清洁及更换
序号	工作步骤		
1	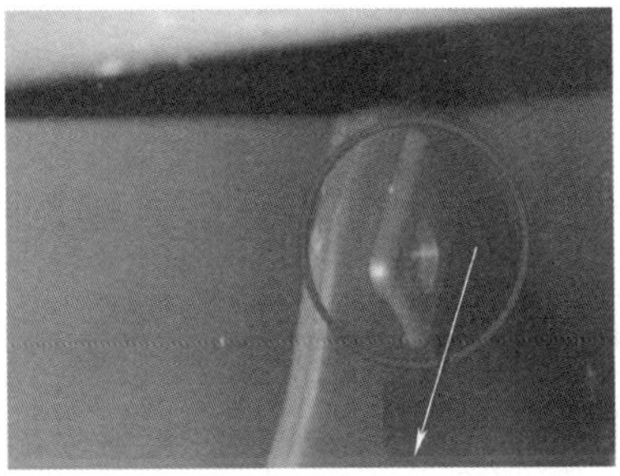 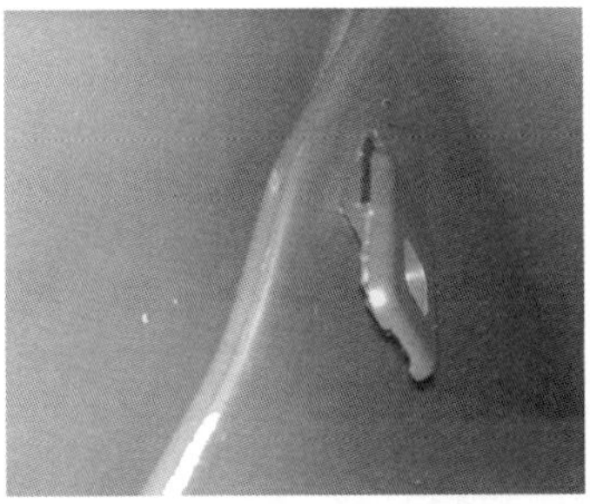		(1)将汽车停稳后熄火，找到空调滤盒。科鲁兹汽车的空调滤盒在前排乘客侧的杂物箱中，找到红圈的卡扣(左右各有一个)，沿绿色箭头方向施力，注意杂物箱可以略微向前推，方便取出卡扣
2	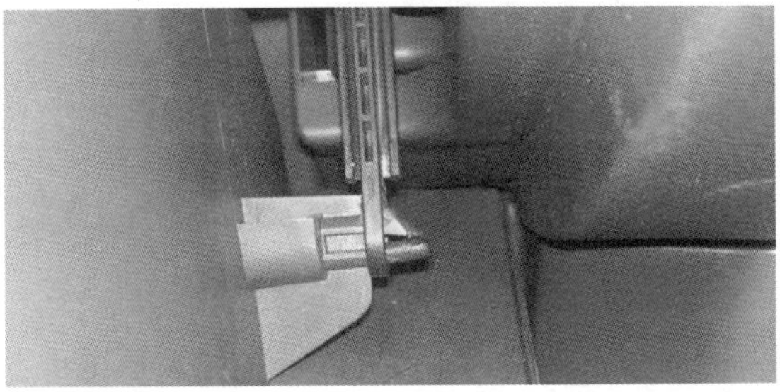		(2) 拆除杂物箱的气压杆(这个气压杆的作用是杂物箱打开的过程使动作放缓)，气压杆在杂物箱的右边，由于气压杆是塑料件，比较容易坏
3	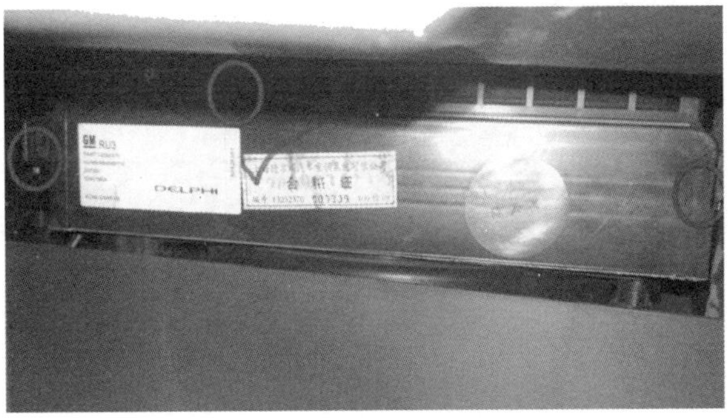		(3)以上两步完成后，就可以看到空调滤盒，在红圈位置有三个卡扣，打开后就能看到空调滤盒

（续）

<table>
<tr><td>车型</td><td>2012 款科鲁兹</td><td>工作内容</td><td colspan="2">空调滤清器清洁及更换</td></tr>
<tr><td>序号</td><td colspan="4">工作步骤</td></tr>
<tr><td>4</td><td colspan="3"></td><td>（4）移除空调滤盒，露出空调进风口，就可看见空调滤清器</td></tr>
<tr><td>5</td><td colspan="3"></td><td>（5）将空调滤清器移除，然后将新的空调滤清器放入，注意空调滤清器的箭头方向</td></tr>
<tr><td>6</td><td colspan="3">将杂物箱复位，完成本次清洗空调工作</td><td></td></tr>
</table>

二、决策

每 6 人一组，每组选出一名负责人，负责人进行小组任务分配，组员按负责人要求完成相关任务内容，并将自己所在小组任务及个人任务内容填入任务决策表（表 1-2-2-2）中。

表 1-2-2-2　任务决策表

序号	小组任务	个人职责（任务）	负责人

三、计划

根据任务内容制订任务计划，简要说明任务实施过程及注意事项，并填入表 1-2-2-3 中。

表 1-2-2-3　任务计划表

<table>
<tr><td>车型</td><td>2012 款科鲁兹</td><td>工作内容</td><td>汽车空调乘客厢空气滤清器清洁及更换</td></tr>
<tr><td>序号</td><td colspan="3">工作步骤</td></tr>
<tr><td>1</td><td colspan="2">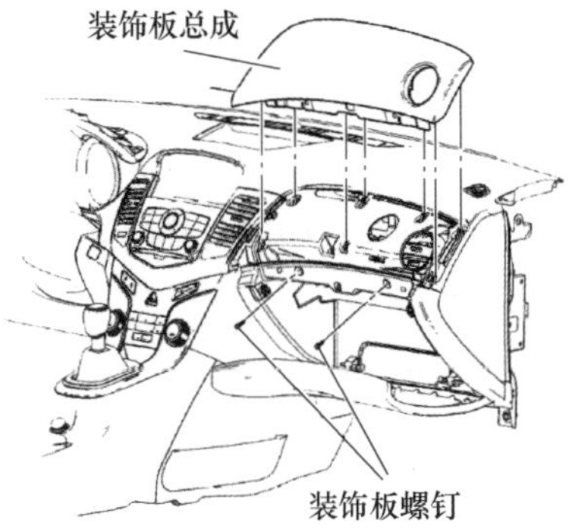
</td><td>拆卸 2 个仪表板上装饰板螺钉并取下仪表上装饰板总成</td></tr>
<tr><td>2</td><td colspan="2">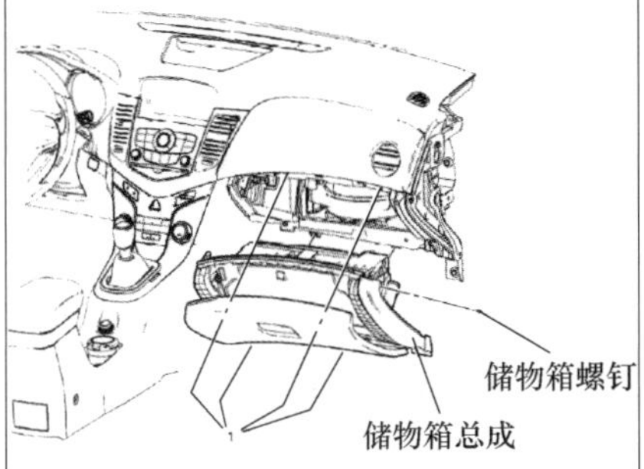
</td><td>拆卸 5 个仪表板储物箱螺钉并取下仪表板储物箱总成</td></tr>
<tr><td>3</td><td colspan="2">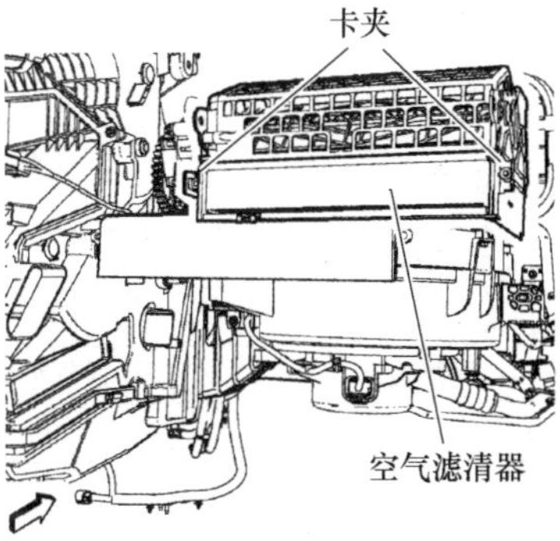
</td><td>松开 2 个卡夹并且拆下乘客室空气滤清器</td></tr>
<tr><td>4</td><td colspan="3">对乘客室空气滤清器用高压空气进行清洁或换新的乘客室空气滤清器</td></tr>
<tr><td>5</td><td colspan="2">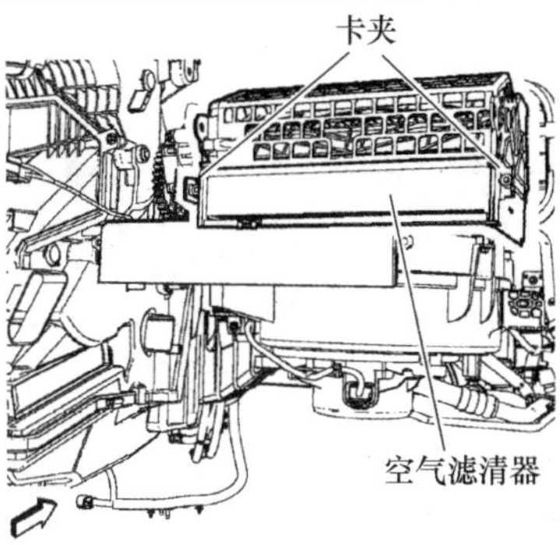
</td><td>安装乘客室空气滤清器并且用 2 个卡夹固定</td></tr>
</table>

（续）

车型	2012 款科鲁兹	工作内容	汽车空调乘客厢空气滤清器清洁及更换
序号	工作步骤		
6	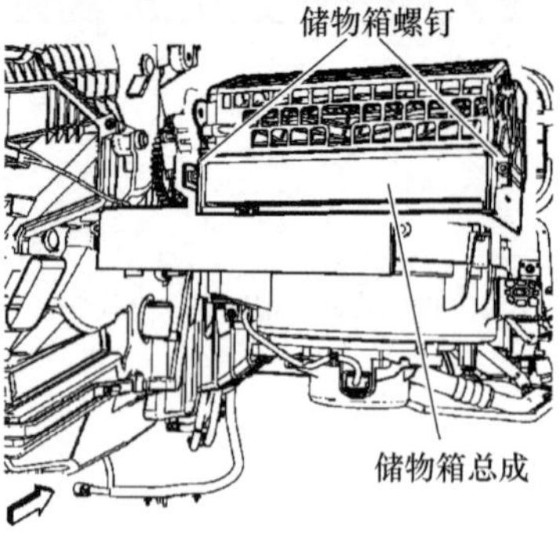	安装仪表板储物箱总成并用 5 个仪表板储物箱螺钉固定	
7	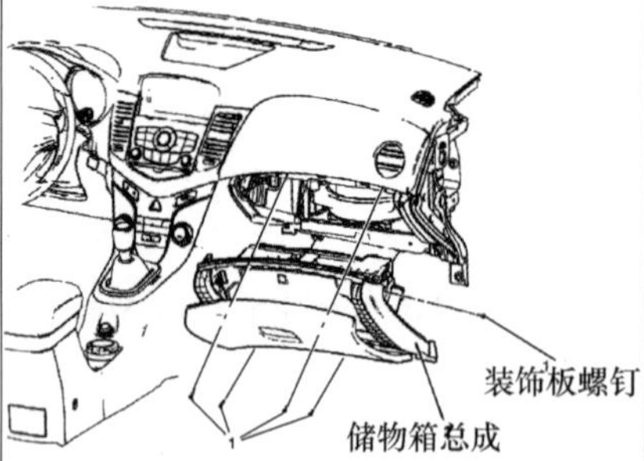	安装仪表上装饰板总成并用 2 个仪表板上装饰板螺钉固定	

四、实施

（1）实践准备，见表 1-2-2-4。

表 1-2-2-4　实践准备安排表

场地准备	6 人用实习场地一块，对应数量的课桌椅，黑板一块
工量（备件）具准备	常用工具、气枪
资料准备	教学课件、项目单；视频教学资料；网络教学资源；2012 款科鲁兹汽车维修手册一套
实践车辆预准备	将车停在工位上，做好车内防护工作

（2）实施计划并完成表 1-2-2-5 的填写。

表 1-2-2-5　实施计划表

车型：		压缩机型号：			
步骤	零部件名称	使用工具	螺栓数量	力矩	注意事项
1					
2					
3					
4					
5					
6					
7					
8					

五、检查评估

评价表见表 1-2-2-6。

表 1-2-2-6　评　价　表

姓名：　　　　　　学号：　　　　　　用时：

<table>
<tr><th>序号</th><th>项目</th><th colspan="2">评分项目</th><th>评价标准</th><th>分值</th><th>学生自评</th><th>学生互评</th><th>教师评价</th></tr>
<tr><td>1</td><td>场地准备（5 分）</td><td colspan="2">按规定时间完成场地准备作业</td><td>未按时完成扣 5 分</td><td>5</td><td></td><td></td><td></td></tr>
<tr><td>2</td><td rowspan="23">质量要求（70 分）</td><td>工具准备</td><td>工具准备齐全</td><td>工具缺漏每次扣 1 分</td><td>2</td><td></td><td></td><td></td></tr>
<tr><td rowspan="7">3</td><td rowspan="7">发动机舱检查</td><td>发动机罩开启正常</td><td>检查方法不对扣 1 分</td><td>1</td><td></td><td></td><td></td></tr>
<tr><td>发动机润滑油油位</td><td>检查方法不对扣 1 分</td><td>1</td><td></td><td></td><td></td></tr>
<tr><td>冷却液量</td><td>检查方法不对扣 1 分</td><td>1</td><td></td><td></td><td></td></tr>
<tr><td>蓄电池电解液量或指示器颜色</td><td>未正确检查扣 1 分</td><td>1</td><td></td><td></td><td></td></tr>
<tr><td>蓄电池端子松动、腐蚀情况</td><td>未正确检查每项扣 1 分</td><td>1</td><td></td><td></td><td></td></tr>
<tr><td>发动机舱支撑杆固定情况</td><td>未作检查扣 1 分</td><td>1</td><td></td><td></td><td></td></tr>
<tr><td>空调压缩机（目测）</td><td>未作检查每次扣 1 分</td><td>1</td><td></td><td></td><td></td></tr>
<tr><td rowspan="4">4</td><td rowspan="4">车辆空调外观检查</td><td>空调压缩机（目测）</td><td>未作检查每次扣 1 分</td><td>1</td><td></td><td></td><td></td></tr>
<tr><td>发动机舱空调管路</td><td>检查不完整每次扣 1 分</td><td>1</td><td></td><td></td><td></td></tr>
<tr><td>冷凝器（目测）</td><td>未作检查每次扣 1 分</td><td>1</td><td></td><td></td><td></td></tr>
<tr><td>蒸发器排水口是否有油</td><td>未作检查每次扣 1 分</td><td>1</td><td></td><td></td><td></td></tr>
<tr><td rowspan="2">5</td><td rowspan="2">决策与分工</td><td>各组员合理分工</td><td>分工不合理扣 2 分</td><td>2</td><td></td><td></td><td></td></tr>
<tr><td>记录决策过程（工作步骤）</td><td>记录不完整扣 2 分</td><td>2</td><td></td><td></td><td></td></tr>
<tr><td rowspan="3">6</td><td rowspan="3">制订任务计划</td><td>写出空调滤清器清洁及更换的操作步骤</td><td>未完成扣 2 分</td><td>8</td><td></td><td></td><td></td></tr>
<tr><td>写出空调滤清器清洁及更换的注意事项</td><td>未完成扣 2 分</td><td>8</td><td></td><td></td><td></td></tr>
<tr><td>计划表交给指导教师审核是否有安全问题</td><td>未交表扣 6 分</td><td>6</td><td></td><td></td><td></td></tr>
<tr><td rowspan="6">7</td><td rowspan="6">空调滤清器的拆装</td><td>确认车辆是否安全</td><td>未确认扣 2 分</td><td>2</td><td></td><td></td><td></td></tr>
<tr><td>查找维修手册</td><td>未查找维修手册直接拆卸扣 2 分</td><td>2</td><td></td><td></td><td></td></tr>
<tr><td>按照维修手册拆卸空气滤清器</td><td>拆卸方法不正确扣 2 分</td><td>8</td><td></td><td></td><td></td></tr>
<tr><td>判断是否更换空气滤清器</td><td>判断不正确扣 2 分</td><td>2</td><td></td><td></td><td></td></tr>
<tr><td>清洁空气滤清器</td><td>清洁方法不正确每次扣 2 分</td><td>2</td><td></td><td></td><td></td></tr>
<tr><td>记录各操作点的注意事项</td><td>记录不完整每次扣 2 分</td><td>8</td><td></td><td></td><td></td></tr>
</table>

（续）

序号	项目	评分项目		评价标准	分值	学生自评	学生互评	教师评价
8		汇报结果	向指导教师汇报空气滤清器的情况	未汇报扣2分	2			
			提出清洁或更换意见	未能正确分析扣2分	2			
			经指导教师同意后恢复	未恢复扣2分	2			
			复检	未复检扣2分	2			
9	5S情况（10分）	工作着装	干净整洁，无配饰	未按工作要求着装扣2分	2			
			穿着工作鞋	未穿工作鞋扣1分	1			
10		作业中	工作台摆放	摆放无序扣1分	1			
			量具放置	随意摆放一次扣1分	1			
			工具车及工具及时复位	不及时复位扣1分	2			
11		车辆、零件及时清洁	场地清洁	清洁不到位扣1分	1			
			废弃物处理	不按要求处理废弃物扣1分	1			
			设备等清洁归位	未及时清洁设备及归位扣1分	1			
12	工作安全（10分）	整体操作中	作业操作	操作姿势一次不正确扣1分，操作不规范扣1分	5			
			操作中人身损伤	出现人身损伤扣5分	5			
			重大安全事故	出现重大安全事故直接停止操作，总分计0分				
13	工作单填写情况（5分）	工作单填写	整齐如实填写	未如实填写每次扣1分	3			
			作业前查看，作业后及时填写	作业前不查看工作单、作业后不及时填写每次扣1分	2			
本项目得分					100			
日期：								

六、知识链接

汽车在行驶时，要吸入外部空气进入车厢内，但空气中含有许多不同的颗粒，如灰尘、花粉、煤烟、臭氧、异味、氮氧化物、二氧化硫、二氧化碳、苯等，如果没有空调滤清器过滤，一旦这些颗粒进入车厢内，不但会使汽车空调受污染，降低冷却系统性能，而且人体吸入粉尘及有害气体后会使人有过敏反应，肺部受损，受臭氧刺激而心情烦躁，还有异味的影响，都影响行车安全。而高质量的空气滤清器能吸收粉尘颗粒，减轻呼吸道疼痛，减少对过敏者的刺激，行车更加舒适，空调冷却系统也会受到保护。

市场上大部分的空调滤芯基本上是无纺布或无纺布夹炭制成的，只能过滤大灰尘颗粒，过滤级别很低，且风阻大、吸附效果差，价格高得更是离谱。现在有种复合高效汽车空调滤清器不同于任何一种，采用 hepa 滤网加蜂窝网内填充椰壳柱形活性炭制成，hepa 滤网是由 PP 复合滤料折叠而成，表面积达 $0.5m^2$，容尘量大，能过滤大气中小于 0.3μm 的颗粒物、烟雾、花粉、微生物、病菌等；活性炭采用柱形结构，能随风旋转，多角度全方位地吸附车内异味，且活性炭中加甲醛、苯等有毒挥发物的催化剂，吸附有毒气体的能力更强。重要的一点是炭与滤网分离，通风更好，吸附更强，效果更出众！

空调滤芯的重要性：

（1）能使空调格贴紧壳体，保证未过滤空气不会进入车厢。

（2）能分隔空气中灰尘、花粉、研磨颗粒等固体杂质。

（3）能吸附空气中水分、煤烟、臭氧、异味、碳氧化物、SO_2、CO_2 等；有强力和持久的吸附水分。

（4）能使汽车玻璃不会蒙上水蒸气，使驾乘人员视线清晰、行车安全；能给驾乘室提供新鲜空气，避免驾乘人员吸入有害气体，保障驾驶安全；能强效杀菌除臭。

（5）能保证驾乘室空气清洁而不滋生细菌；能有效分隔空气中灰尘、芯粉、研磨颗粒等固体杂质；能有效拦截花粉，保证驾乘人员不会有过敏反应而影响行车安全。

空调滤芯清洁和安装要求：

（1）清洁的频率根据城市空气质量、空调出风量是否变小、车内是否有异味、油耗是否会无缘无故地增加等而定。

（2）空调滤芯应该正确地安装在其位置上，在空调滤芯被取下时使用空调，可能会造成防尘性能退化，影响空调性能。

（3）空气质量差的城市，建议车友们一年更换两次空调滤芯，确保您的健康。

任务三　汽车空调冷凝器清洁与维护

一、资讯

（一）冷凝器的结构

汽车空调冷凝器的结构形式主要有管带式、管翅式和平流式三种，如图 1-2-3-1 所示。

（二）冷凝器的作用

汽车空调冷凝器的作用是把压缩机排出的高温、高压制冷剂蒸气进行散热降温，从而使高温、高压的制冷剂气体冷凝成较高温度的高压液态制冷剂，如图 1-2-3-2 所示。

（三）冷凝器的基本维护与检修

在维修汽车空调时，通常通过观察汽车空调工作时的干燥过滤器（上有观察窗口）里制冷剂的工作状态来判断冷凝器是否散热不良。如果干燥过滤器里流过气泡很少，且液态制冷剂流动正常，则冷凝器散热良好；如果干燥过滤器里流动有大量气泡，这时用凉水从冷凝器上方淋下，空调制冷效果好转，且干燥过滤器里流动气泡减少，则证明冷凝器散热不良。冷凝器的常见故障是外部堵塞、损坏泄漏。外部堵塞是因为空调冷凝

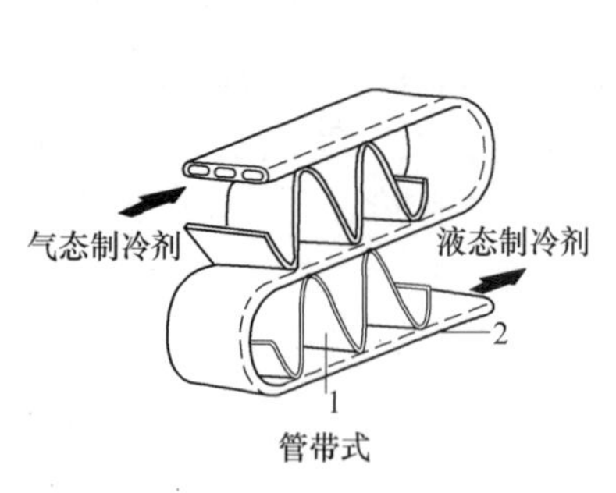

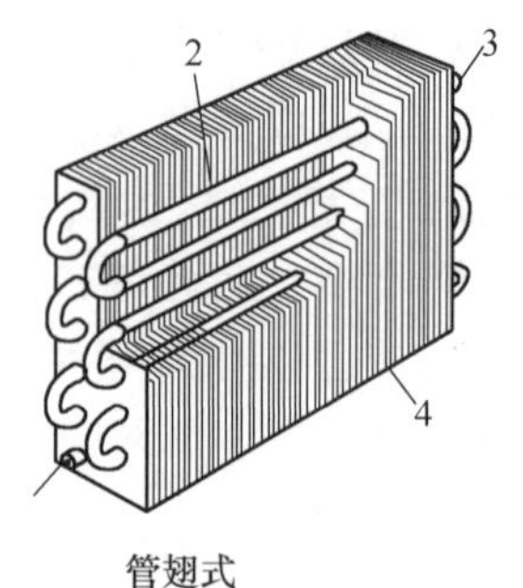

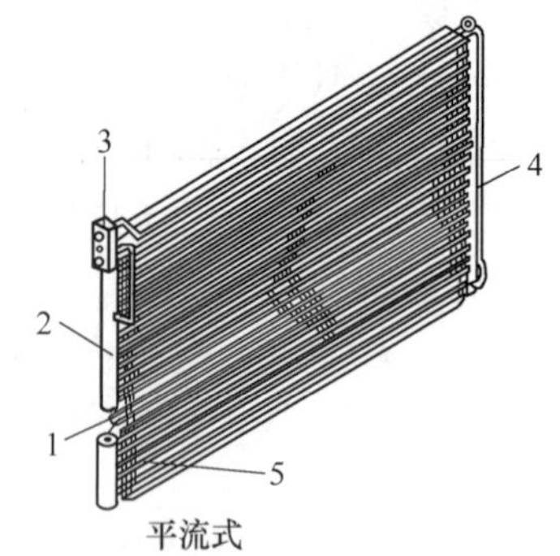

图 1-2-3-1　冷凝器的结构

器大多布置在车前部、侧面或车底部，尘土、树叶、飞虫及外来其他异物等很容易聚集在冷凝器散热片之间，从而引起空气流通不畅，导致冷凝器散热不良。另外，地面泥浆溅入，管子和散热片表面的泥尘也会影响冷凝器的散热，泥浆同时易腐蚀冷凝器管子和散热片。因此，冷凝器散热片及盘管必须保持表面清洁，要经常对其表面进行检查和清洗。清洗冷凝器表面一般可用软毛刷和自来水清洗，注意不要弄弯散热片，如果发现散热片倒伏，应加以矫正。

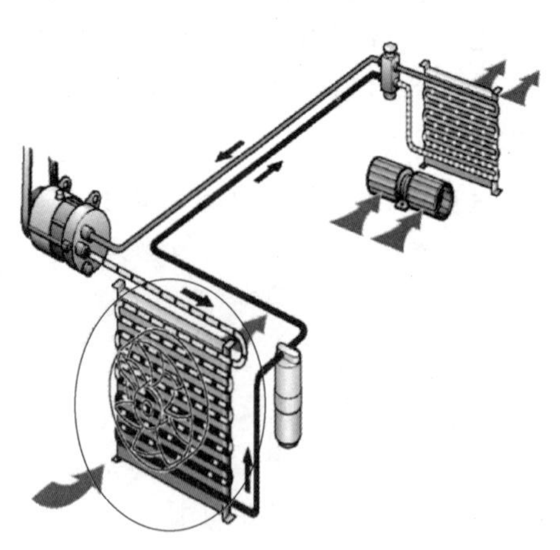

图 1-2-3-2　冷凝器的作用

冷凝器盘管的泄漏也是常见故障，泄漏多是因为撞击或自身质量问题而引起，而且泄漏部位会有明显的油迹。因冷凝器承受高温高压，所以对漏洞不宜自行采用焊接方法维修，最好送专业维修人员修理，或发现有泄漏就更换新冷凝器。

二、决策

每 6 人一组，每组选出一名负责人，负责人进行小组任务分配，组员按负责人要求完成相关任务内容，并将自己所在小组任务及个人任务内容填入任务决策表(表 1-2-3-1)中。

表 1-2-3-1　任务决策表

序号	小组任务	个人职责(任务)	负责人

三、计划

根据任务内容制订任务计划，简要说明任务实施过程及注意事项，并填入表 1-2-3-2 中。

表 1-2-3-2　任务计划表

车型	2012 款科鲁兹	工作内容	汽车空调冷凝器清洁及维护
序号	工作步骤		
1	对汽车空调冷凝器的清洁请在洗车区进行，操作人员请做好安全防护措施		
2	将车停在工位上，并打开发动机舱盖		
3	用高压气体对准散热器、冷凝器散热片进行清洁		
4	用水清洗：最好用自来水的自然压力来冲洗，不能用高压水枪冲，因为压力太高会把散热片冲坏 注意：不能将水冲到发动机舱内的电气部分		
5	发现散热片倒伏，应及时加以纠正		
6	应定期对空调冷凝器进行清洗，有空调冷凝器清洁剂的，请按照空调冷凝器清洁剂的要求进行操作		

四、实施

（1）实践准备，见表 1-2-3-3。

表 1-2-3-3　实践准备安排表

场地准备	6 人用实习场地一块，对应数量的课桌椅，黑板一块
工量（备件）具准备	常用工具、气枪
资料准备	教学课件、项目单；视频教学资料；网络教学资源；2013 款科鲁兹汽车维修手册一套
实践车辆预准备	（1）将车停在工位上，做好车内防护工作 （2）将发动机舱盖打开

（2）实施计划并完成表 1-2-3-4 的填写。

表 1-2-3-4　实施计划表

车型：		压缩机型号：
步骤	操作步骤记录	注意事项
1		
2		
3		
4		
5		
6		
7		
8		

五、检查评估

评价表见表 1-2-3-5。

表 1-2-3-5 评 价 表

<table>
<tr><td colspan="2">姓名：</td><td colspan="2">学号：</td><td colspan="5">用时：</td></tr>
<tr><th>序号</th><th>项目</th><th colspan="2">评分项目</th><th>评价标准</th><th>分值</th><th>学生自评</th><th>学生互评</th><th>教师评价</th></tr>
<tr><td>1</td><td>场地准备（5 分）</td><td colspan="2">按规定时间完成场地准备作业</td><td>未按时完成扣 5 分</td><td>5</td><td></td><td></td><td></td></tr>
<tr><td>2</td><td rowspan="24">质量要求（70 分）</td><td>工具准备</td><td>工具准备齐全</td><td>工具缺漏每次扣 1 分</td><td>2</td><td></td><td></td><td></td></tr>
<tr><td rowspan="6">3</td><td rowspan="6">发动机舱检查</td><td>发动机舱盖开启正常</td><td>检查方法不对扣 1 分</td><td>1</td><td></td><td></td><td></td></tr>
<tr><td>发动机润滑油油位</td><td>检查方法不对扣 1 分</td><td>1</td><td></td><td></td><td></td></tr>
<tr><td>冷却液量</td><td>检查方法不对扣 1 分</td><td>1</td><td></td><td></td><td></td></tr>
<tr><td>蓄电池电解液量或指示器颜色</td><td>未正确检查扣 1 分</td><td>1</td><td></td><td></td><td></td></tr>
<tr><td>蓄电池端子松动、腐蚀情况</td><td>未正确检查每项扣 1 分</td><td>1</td><td></td><td></td><td></td></tr>
<tr><td>发动机舱盖支撑杆固定情况</td><td>未作检查扣 1 分</td><td>1</td><td></td><td></td><td></td></tr>
<tr><td rowspan="4">4</td><td rowspan="4">车辆空调外观检查</td><td>空调压缩机(目测)</td><td>未作检查每次扣 1 分</td><td>1</td><td></td><td></td><td></td></tr>
<tr><td>发动机舱空调管路</td><td>检查不完整每次扣 1 分</td><td>1</td><td></td><td></td><td></td></tr>
<tr><td>冷凝器(目测)</td><td>未作检查每次扣 1 分</td><td>1</td><td></td><td></td><td></td></tr>
<tr><td>蒸发器排水口是否有油</td><td>未作检查每次扣 1 分</td><td>1</td><td></td><td></td><td></td></tr>
<tr><td rowspan="2">5</td><td rowspan="2">决策与分工</td><td>各组员合理分工</td><td>分工不合理扣 2 分</td><td>2</td><td></td><td></td><td></td></tr>
<tr><td>记录决策过程(工作步骤)</td><td>记录不完整扣 2 分</td><td>2</td><td></td><td></td><td></td></tr>
<tr><td rowspan="3">6</td><td rowspan="3">制订任务工作计划</td><td>写出空调冷凝器清洁及维护的步骤</td><td>未完成扣 2 分</td><td>8</td><td></td><td></td><td></td></tr>
<tr><td>写出空调冷凝器清洁及维护的注意事项</td><td>未完成扣 2 分</td><td>8</td><td></td><td></td><td></td></tr>
<tr><td>计划表交给指导教师审核是否有安全问题</td><td>未交表扣 6 分</td><td>6</td><td></td><td></td><td></td></tr>
<tr><td rowspan="7">7</td><td rowspan="7">正确操作</td><td>确认车辆是否到达指定位置，并确认车辆安全</td><td>未确认扣 2 分</td><td>2</td><td></td><td></td><td></td></tr>
<tr><td>做好安全防护措施</td><td>未做防护扣 2 分</td><td>2</td><td></td><td></td><td></td></tr>
<tr><td>打开发动机舱并检查空调系统</td><td>未检查扣 2 分</td><td>2</td><td></td><td></td><td></td></tr>
<tr><td>检查冲洗设备</td><td>未检查扣 2 分</td><td>2</td><td></td><td></td><td></td></tr>
<tr><td>正确进行对空调冷凝器进行清洁</td><td>清洁方法不正确每次扣 2 分</td><td>8</td><td></td><td></td><td></td></tr>
<tr><td>记录操作中的注意事项</td><td>记录不完整每次扣 2 分</td><td>8</td><td></td><td></td><td></td></tr>
<tr><td>向指导教师汇报清洁情况</td><td>未汇报扣 2 分</td><td>4</td><td></td><td></td><td></td></tr>
<tr><td rowspan="2">8</td><td rowspan="2">检查恢复</td><td>经指导教师同意后恢复</td><td>未恢复扣 2 分</td><td>2</td><td></td><td></td><td></td></tr>
<tr><td>复检</td><td>未复检扣 2 分</td><td>2</td><td></td><td></td><td></td></tr>
</table>

（续）

序号	项目	评分项目		评价标准	分值	学生自评	学生互评	教师评价
9	5S 情况（10 分）	工作着装	干净整洁，无配饰	未按工作要求着装扣 2 分	2			
			穿着工作鞋	未穿工作鞋扣 1 分	1			
10		作业中	工作台摆放	摆放无序扣 1 分	1			
			量具放置	随意摆放一次扣 1 分	1			
			工具车及工具及时复位	不及时复位扣 1 分	2			
11		车辆、零件及时清洁	场地清洁	清洁不到位扣 1 分	1			
			废弃物处理	不按要求处理废弃物扣 1 分	1			
			设备等清洁归位	未及时清洁设备及归位扣 1 分	1			
12	工作安全（10 分）	整体操作中	作业操作	操作姿势一次不正确扣 1 分，操作不规范扣 1 分	5			
			操作中人身损伤	出现人身损伤扣 5 分	5			
			重大安全事故	出现重大安全事故直接停止操作，总分计 0 分				
13	工作单填写情况（5 分）	工作单填写	整齐如实填写	未如实填写每次扣 1 分	3			
			作业前查看，作业后及时填写	作业前不查看工作单、作业后不及时填写每次扣 1 分	2			
本项目得分					100			
日期：								

六、知识链接

空调的维护

由于季节的更替，空调肯定有经常使用和长时间不使用的时间。而在汽车在行驶过程中，从空调进风口吸入大量灰尘、脏物，吸附在蒸发箱和空调系统内，滋生大量的细菌、霉菌、螨虫，不仅会产生异味，还会危害乘员身体健康。长时间处在这种环境中，人就会感到头晕、恶心，甚至诱发呼吸道疾病，因此对于汽车空调的维护决不可掉以轻心。

具体的维护主要针对三个部分——冷凝器、空调滤芯、空调循环通道，汽车冷凝器影响空调制冷效果，空调滤芯起着过滤进入车内空气的作用，所以冷凝器和空调滤芯需要定期检查、清洗、更换，而空调循环通道内则有着众多的灰尘、细菌，清洁必不可少。空调的冷凝器是通过散热片将外界空气和管道内物质的热交换的装置。一般安装在车头和散热器一起，这样便于利用行驶中的气流加快热量的散发。在洗车时，要冲洗冷凝器，以防散热片被杂物（昆虫、树叶等）堵塞影响散热效果。要经常对散热器和冷凝器进行清理；尤其是在夏天更为重要。清理的时间最好在入夏的开始，这样就会把冬天的尘土、干树叶、春天的柳絮、沙尘清理干净，为使用空调做好准备。

2

情境二　汽车空调制冷剂量检查与调整

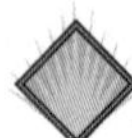

学习目标

➢ 知识目标：

1. 通过对汽车空调制冷剂量的检查与调整学习，加深对汽车空调制冷原理的理解，加强对空调制冷剂的正确使用与环保意识。

2. 通过使用便携式汽车空调压力表组进行汽车空调的制冷剂量检查与调整，理解汽车空调系统的制冷剂量的充注原理与方法。

3. 通过对汽车空调制冷系统效果不良的故障原因进行分析、检测与排除，掌握汽车空调制冷系统故障的综合检测与排除方法。

➢ 能力目标：

1. 能正确操作使用便携式汽车空调压力表组。

2. 能正确使用电子卤素仪检漏以及充氮泡沫法对汽车空调系统进行泄漏检测。

3. 能对汽车空调制冷剂鉴别、纯度检测以及净化处理。

4. 能对汽车空调系统进行抽真空及冷冻机油、制冷剂量的充注。

5. 能对汽车空调系统进行综合性能检测。

➢ 素养目标：

1. 培养学生的学习、工作的主动性，养成良好的5S管理习惯。

2. 培养学生的观察和动手能力。

3. 培养学生良好的团队协作精神。

4. 培养学生自我学习汽车新知识、新技术的能力；崇尚实践，热爱专业的职业素养。

2

情境导入

车型：2012 年科鲁兹汽车。

故障现象：一辆 2012 款科鲁兹汽车空调系统制冷系统效果不良。

故障原因：汽车空调制冷系统工作效果不良原因有多方面，如空调系统制冷剂泄漏造成系统压力不足、空调系统中水分或润滑油过多、制冷剂不纯、空调压缩机故障或系统管路中存在堵塞现象等都是造成空调系统制冷效果不良的直接原因。针对这些原因，可以先使用便携式汽车空调压力表组对空调系统进行压力检测，排除空调压缩机及管路故障；然后再进行空调系统的泄漏检查与排除；最后进行空调制冷剂的鉴别与纯度检测，利用制冷剂的回收、再生与充注方法进行故障的排除。

项目一　空调制冷剂量检查与充注

➤ 学习目标

1. 能够掌握常见空调故障现象与故障原因。
2. 能够通过不正常的空调系统压力值来分析汽车空调系统的故障部位。
3. 能够正确操作使用便携式汽车空调压力表组进行空调制冷剂量检查与补充充注。
4. 能够写出各操作过程和归纳总结。

➤ 学习内容

1. 汽车空调制冷系统压力与制冷效果之间的关系。
2. 正确操作便携式汽车空调压力表组及其管路连接。
3. 使用便携式汽车空调压力表组对汽车空调进行制冷剂量检查与补充充注。
4. 制订维修计划，填写项目单。

任务一　汽车空调系统便携式压力表组的压力检测

一、资讯

（一）便携式歧管压力表组

便携式歧管压力表组如图 2-1-1-1 所示。

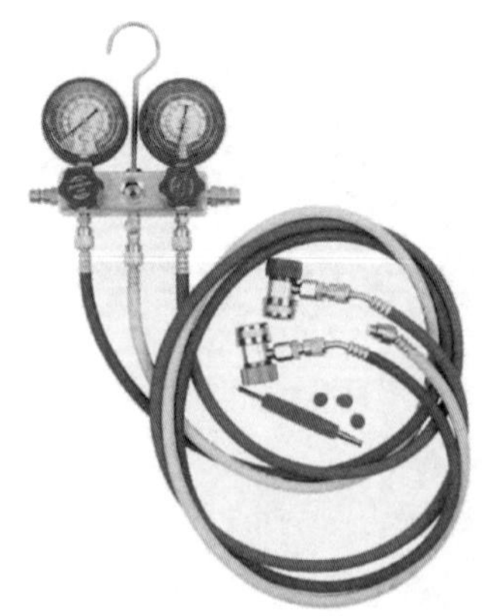

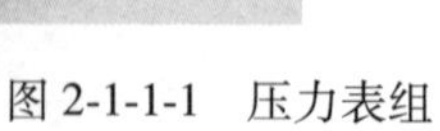

图 2-1-1-1　压力表组

（二）制冷系统压力检查表

制冷系统压力检查见表 2-1-1-1。

表 2-1-1-1　制冷系统压力检查表

现　　象	原　　因	排除措施
低压侧压力低 高压侧压力高	膨胀阀故障	检查/更换
	制冷剂软管堵塞	检查有无死弯、更换
	储液干燥器堵塞	检查、更换
	冷凝器堵塞	检查、更换
高压侧压力正常，不制冷	系统中有空气	检漏、重新抽空、再循环、加注
	系统中冷冻机油过量	排放冷冻机油并重新加注
低压侧压力低或 高压侧压力低	制冷剂不足	检漏、重新抽空、再循环、加注
	膨胀阀堵塞	检查、更换
	压缩机故障	
低压侧压力高 高压侧压力低	压缩机磨损而泄漏	拆缸盖，检查阀板、活塞、缸体，如磨损、损伤，即更换或压缩机
	缸盖密封件泄漏	检查、更换
	传动带打滑	检查、调整张紧力
低压侧压力高 高压侧压力高	冷凝器的翅片堵塞或冷凝风机故障	清除杂物或检查并更换风机
	系统内有空气	检漏、重新抽空、再循环、加注
	膨胀阀故障	检查、更换
	传动带松动	检查、调整
	制冷剂充注过量	回收或重新加注
离合器频繁接合脱开（≥10次/min）	制冷剂不足	检漏、加注
高低压两侧压力相同，离合器不接合	无制冷剂	检漏、加注
	空调电路系统熔丝故障	检查、更换
	离合器线圈故障	检查、更换
	蒸发器温度传感器故障、安装不当	检查、更换
	离合器继电器故障	检查、更换
	空调压力传感器故障	检查、更换
	动力传动系统控制模块故障	检查、更换
仪表板出风口温度高，正常压力为：低压侧 0.15～0.25MPa（1.5～2.5kgf/cm^2） 高压侧 1.37～1.57 MPa（14～16kgf/cm^2）	冷冻机油过多	回收、检查
	风门执行器故障	检查、更换
	风门不密封、不工作	检查、修理

二、决策

每6人一组，每组选出一名负责人，负责人进行小组任务分配，组员按负责人要求完成相关任务内容，并将自己所在小组任务及个人任务内容填入任务决策表(表2-1-1-2)中。

表2-1-1-2 任务决策表

序号	小组任务	个人职责(任务)	负责人
1			
2			
3			
4			

三、计划

根据任务内容制订任务计划，简要说明任务实施过程及注意事项，并填入表2-1-1-3中。

表2-1-1-3 任务计划表

车型	2012款科鲁兹	工作内容	汽车空调系统便携式汽车空调压力表组的压力检测
1			顺时针方向旋转高低压阀，关闭高低压阀
2			(1)清洁软管快速接头，并检查密封胶情况 (2)把相应软管(蓝色软管—低压侧;红色软管—高压侧)的一端和歧管压力表相连，另一端与车辆侧的维修阀门相连(如图所示) 注意：连接时，用手而不能用任何工具紧固软管；如果软管的连接密封件损坏，应及时更换
3			(1)连接红、蓝软管到车辆的高、低压侧维修阀门上，由于高、低压侧的连接尺寸不同，连接时不要装反 (2)软管和空调管路的维修阀门连接时，把快速接头接到维修阀门上并滑动，直到听到“咔哒”声 注意：连接时，不能弄弯管道

（续）

车型	2012 款科鲁兹	工作内容	汽车空调系统便携式汽车空调压力表组的压力检测
4	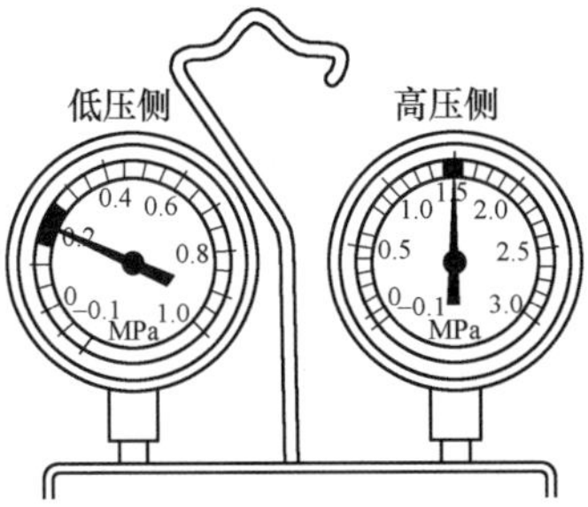		检查制冷系统的压力：起动发动机，在空调运行时检查便携式歧管压力表所显示的压力读数： 制冷循环系统正常压力值： 低压侧：0. 15~0. 25MPa（1. 5~2. 5kgf/cm^2） 高压侧：1. 37~1. 57 MPa（14~16kgf/cm^2）
5	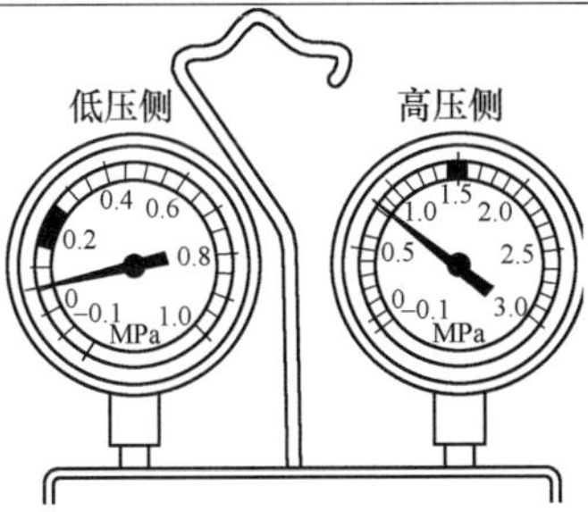		如果检测空调制冷不足，并且歧管压力表的高低压力表均指示偏低，同时视液镜中可以看到大量气泡，这说明系统中制冷剂不足。此时应检查系统是否有泄漏的地方，在排除泄漏故障后，将制冷剂补足
6	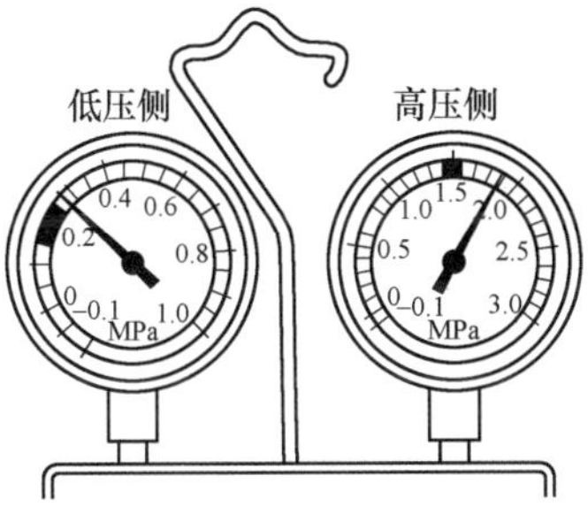		如果歧管压力表的高低压力表指示均偏高，视液镜中看不到气泡，甚至在低转速下也看不到气泡，造成这种现象的原因是系统中制冷剂过量或冷凝器冷却不足。排除时，要将制冷剂量调整合适，清洁冷凝器，同时还要检查车辆的冷却系统
7	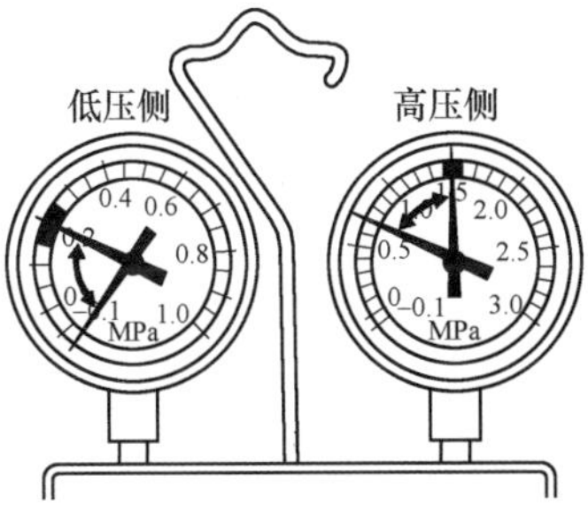		空调制冷时有时无，压力表在空调起动时正常，过一段时间低压表指示真空，高压表的压力也降低很多，过几秒到几分钟，表的指示又恢复正常（如图所示），如此循环。造成这种现象的原因是系统中有水分，当系统正常制冷温度下降时，水分在膨胀阀处结冰造成冰堵，制冷循环不能进行，温度上升后，冰融化使得循环又正常进行，温度下降后，又造成冰堵，如此反复，遇到这种情况应更换储液干燥器，然后对系统进行抽真空后重新加注制冷剂
8	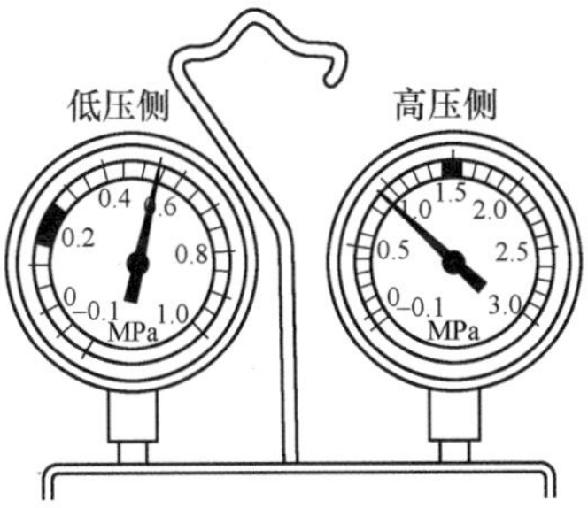		如果高压表指示过低，低压表指示过高，关闭空调后，高低压表指示很快趋于一致，触摸压缩机，压缩机的温度也不高，这说明压缩机的效率不高，此时应更换或修理压缩机

（续）

车型	2012 款科鲁兹	工作内容	汽车空调系统便携式汽车空调压力表组的压力检测
9	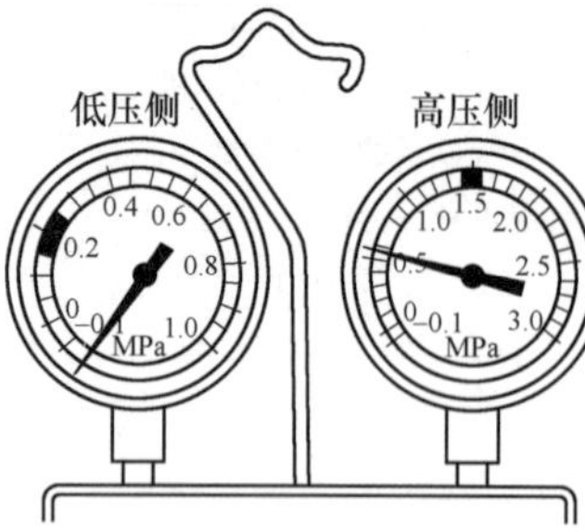		如果制冷循环系统内制冷剂不能循环，低压表可指示真空，高压表的压力也比正常压力低，造成这种情况的主要原因是：制冷循环系统内有堵塞情况。如果系统完全堵塞，开启空调时，由于制冷剂不循环，低压表即刻显示真空；如果未完全堵塞，低压表在开启空调时将逐渐指向真空，在堵塞部位的前后还将出现温差。堵塞的部位发生在膨胀阀或管路较细的部位。膨胀阀的感温包漏气也可能使膨胀阀不能开启而造成这种情况。排除时，要查明堵塞的原因，更换堵塞的部件，彻底清理制冷剂循环管路
10	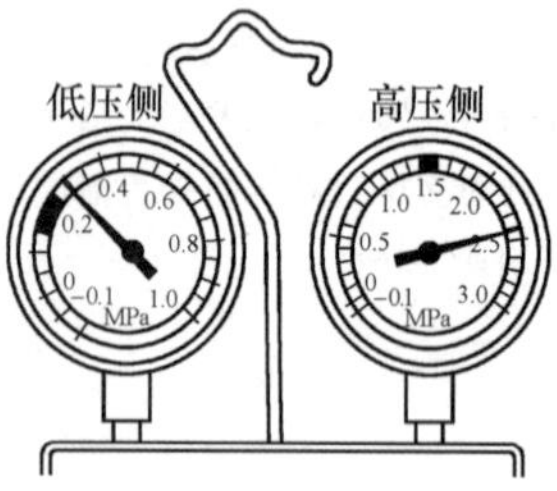		在制冷剂数量正常的情况下，如果高低压表的压力均指示高于正常值，说明制冷循环系统中有空气进入，其表现通常为低压指示越高，制冷效果越差。出现这种情况时，应更换制冷剂并对系统进行抽真空，排除系统中的空气
11	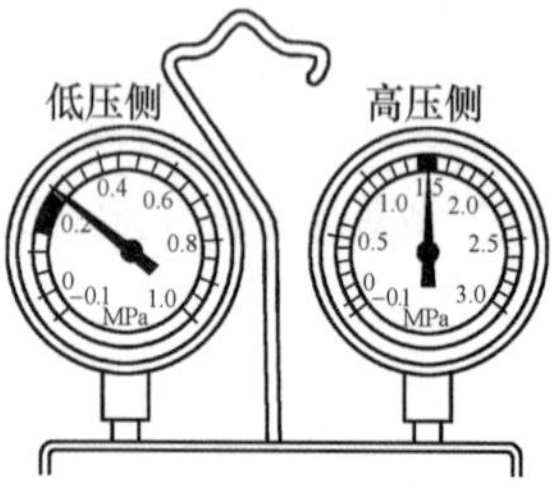		如果低压表指示过高，高压表指示正常，低压管路结霜且制冷效果下降，这种情况往往是由于膨胀阀开度过大造成的，维修时要重点检查膨胀阀热敏管的安装情况，在热敏管正常的情况下，应考虑更换膨胀阀

四、实施

（1）实践准备，见表 2-1-1-4。

表 2-1-1-4　实践准备安排表

场地准备	6 人用实习场地一块，对应数量的课桌椅，黑板一块
工量(备件)具准备	常用工具、量具
资料准备	教学课件、项目单；视频教学资料；网络教学资源；2013 款科鲁兹汽车维修手册一套
实践车辆预准备	(1)车辆停放举升机位，以便随时举升用 (2)打开发动机舱盖，做好发动机舱及车内的防护工作

（2）实施计划并完成表 2-1-1-5 的填写。

表 2-1-1-5　实施计划表

车型：		压缩机型号：	
步骤	操作步骤	操作者及使用工具	注意事项
1			
2			
3			

五、检查评估

评价表见表 2-1-1-6。

表 2-1-1-6　评　价　表

姓名：　　　　学号：　　　　用时：

序号	项目	评分项目		评价标准	分值	学生自评	学生互评	教师评价
1	场地准备（5 分）	按规定时间完成场地准备作业		未按时完成扣 5 分	5			
2	质量要求（70 分）	工具准备	工具准备齐全	工具缺漏每次扣 1 分	2			
3		发动机舱检查	发动机舱盖正常开启及支撑杆固定情况检查	检查方法不对扣 1 分	1			
			发动机舱油、液的渗漏检查	未检查或未发现扣 1 分	1			
			发动机润滑油液位	检查方法不对扣 1 分	1			
			冷却液量	检查方法不对扣 1 分	1			
			蓄电池电解液量	未正确检查扣 1 分	1			
			蓄电池电压及蓄电池指示器的检查	未进行检测或检查的扣 2 分	2			
			蓄电池端子松动、腐蚀等情况	未正确检查每项扣 1 分	1			
			冷凝器脏污检查及前围挡的掀起	未检查或未处理扣 1 分	1			
			空调维修检测阀检查	未作检查扣 2 分	2			
			压力表组的管路密封性检查	未进行检查的扣 3 分	3			
4		便携式压力表组的安装连接	压力表组的手动阀开关状况检查	未进行检查的扣 2 分	2			
			压力表组的高压维修阀连接	未正确连接的扣 3 分	3			
			压力表组的低压维修阀连接	未正确连接的扣 3 分	3			
			记录静态低压压力表读数	未记录或记录不正确的扣 2 分	2			
			记录静态高压压力表读数	未记录或记录不正确的扣 2 分	2			

（续）

<table>
<tr><th>序号</th><th>项目</th><th colspan="2">评分项目</th><th>评价标准</th><th>分值</th><th>学生自评</th><th>学生互评</th><th>教师评价</th></tr>
<tr><td rowspan="6">5</td><td rowspan="14">质量要求（70分）</td><td rowspan="6">启动空调系统</td><td>降下车窗及打开车门</td><td>未降下车窗或未全部打开车门扣2分</td><td>2</td><td></td><td></td><td></td></tr>
<tr><td>正确检查汽车仪表</td><td>未检查汽车仪表状况的扣2分</td><td>2</td><td></td><td></td><td></td></tr>
<tr><td>正确起动发动机</td><td>未正确起动发动机的扣2分</td><td>2</td><td></td><td></td><td></td></tr>
<tr><td>检查发动机的运转情况</td><td>起动后未检查发动机运转状况的扣2分</td><td>2</td><td></td><td></td><td></td></tr>
<tr><td>正确设置及启动空调系统</td><td>不会操作启动空调或操作顺序有误，扣2分</td><td>2</td><td></td><td></td><td></td></tr>
<tr><td>检查空调系统的运转情况</td><td>未对空调系统进行运行检查的扣2分</td><td>2</td><td></td><td></td><td></td></tr>
<tr><td rowspan="5">6</td><td rowspan="5">压力表组动态压力值检测</td><td>保持发动机转速在2000r/min</td><td>未保持或保持转速不对扣2分</td><td>2</td><td></td><td></td><td></td></tr>
<tr><td>记录动态低压压力表读数</td><td>未记录或记录不正确的扣2分</td><td>3</td><td></td><td></td><td></td></tr>
<tr><td>记录动态高压压力表读数</td><td>未记录或记录不正确的扣2分</td><td>3</td><td></td><td></td><td></td></tr>
<tr><td>空调系统正常的压力值标准</td><td>不会查阅或不清楚标准的扣5分</td><td>5</td><td></td><td></td><td></td></tr>
<tr><td>造成空调系统各种不同压力值的原因</td><td>不会查阅或不清楚故障原因的扣4分</td><td>4</td><td></td><td></td><td></td></tr>
<tr><td rowspan="2">7</td><td rowspan="2">改善空调系统的运转条件；改变压力值</td><td>按检测压力值来改善空调系统的运转条件</td><td>不会用模拟方法来改善空调运转状况的扣5分</td><td>5</td><td></td><td></td><td></td></tr>
<tr><td>观察压力表是否会随改善而改变</td><td>未记录或记录不正确的扣4分</td><td>4</td><td></td><td></td><td></td></tr>
<tr><td>8</td><td>性能判断</td><td>标准数据与检测数据对比，作出判断</td><td>判断不正确每次扣2分</td><td>4</td><td></td><td></td><td></td></tr>
<tr><td rowspan="2">9</td><td rowspan="8">5S情况（10分）</td><td rowspan="2">工作着装</td><td>干净整洁，无配饰</td><td>未按工作要求着装扣2分</td><td>2</td><td></td><td></td><td></td></tr>
<tr><td>穿着工作鞋</td><td>未穿工作鞋扣1分</td><td>1</td><td></td><td></td><td></td></tr>
<tr><td rowspan="3">10</td><td rowspan="3">作业中</td><td>工作台摆放</td><td>摆放无序扣1分</td><td>1</td><td></td><td></td><td></td></tr>
<tr><td>量具放置</td><td>随意摆放一次扣1分</td><td>1</td><td></td><td></td><td></td></tr>
<tr><td>工具车及工具及时复位</td><td>不及时复位扣1分</td><td>2</td><td></td><td></td><td></td></tr>
<tr><td rowspan="3">11</td><td rowspan="3">车辆、零件及时清洁</td><td>场地清洁</td><td>清洁不到位扣1分</td><td>1</td><td></td><td></td><td></td></tr>
<tr><td>废弃物处理</td><td>不按要求处理废弃物扣1分</td><td>1</td><td></td><td></td><td></td></tr>
<tr><td>设备等清洁归位</td><td>未及时清洁设备及归位扣1分</td><td>1</td><td></td><td></td><td></td></tr>
</table>

（续）

序号	项目	评分项目		评价标准	分值	学生自评	学生互评	教师评价
12	工作安全（10分）	整体操作中	作业操作	操作姿势一次不正确扣1分，操作不规范扣1分	5			
			操作中人身损伤	出现人身损伤扣5分	5			
			重大安全事故	出现重大安全事故直接停止操作，总分计0分				
13	工作单填写情况（5分）	工作单填写	整齐如实填写	未如实填写每次扣1分	3			
			作业前查看，作业后及时填写	作业前不查看工作单、作业后不及时填写每次扣1分	2			
本项目得分					100			
日期：								

六、知识链接

（一）HFC-134a 加注口和加注阀

HFC-134a 加注口和加注阀如图 2-1-1-2 所示。

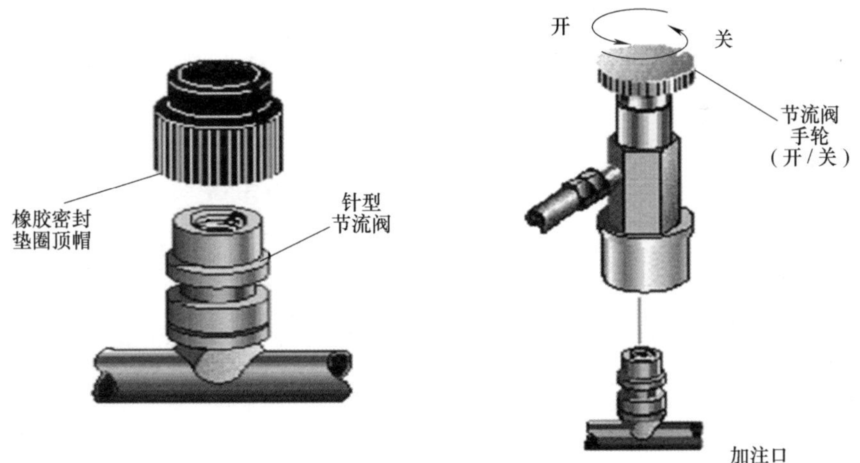

图 2-1-1-2　空调加注口

（二）制冷剂的种类简介

目前常用的制冷剂为 R12、R22 和 R134a（图 2-1-1-3）。

1. R12（CF2CL2，R12）

R12 是氟利昂制冷剂中应用较多的一种，主要在中小型食品库、家用电冰箱以及水冷藏运输车等制冷装置中被广泛采用。R12 具有较好的热力学性能，冷藏压力较低，采用风冷或自然冷凝压力为 0.8～1.2kPa。R12 的标准蒸发温度为−29℃，属中温制冷剂，用于中、小型活塞式压缩机可获得−70℃的低温。而对大型离心式压缩机可获得−80℃的低温。近年来电冰箱的代替制冷剂为 R134a。

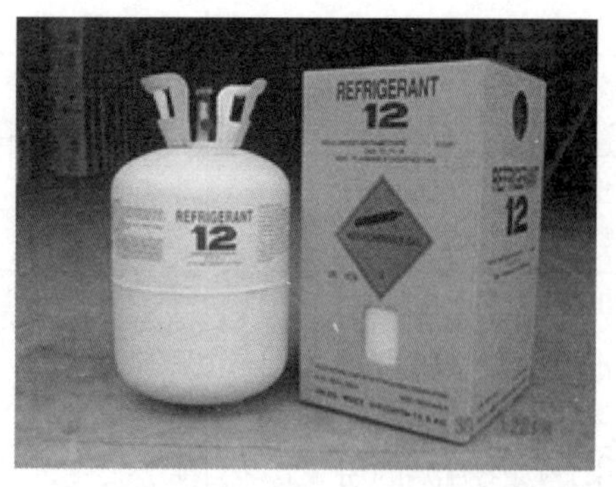

图 2-1-1-3　空调制冷剂类型

2. R22(CHF2CL,R22)

R22 是氟利昂制冷剂中应用较多的一种，主要以家用空调和低温冰箱中采用。R22 的热力学性能与氨相近。标准汽化温度为-40.8℃，通常冷凝压力不超过1.6MPa。R22 不燃、不爆，使用中比氨安全可靠。R22 的单位容积比 R12 约高 60%，其低温时单位容积制冷量和饱和压力均高于 R12 和氨。近年来对大型空调冷水机组的制冷剂大都采用 R134a 来代替。

3. R134a(C2H2F4,R134a)

R134a 是一种较新型的制冷剂，其蒸发温度为-26.5℃。它的主要热力学性质与 R12 相似，不会破坏空气中的臭氧层，是近年来使用的环保制冷剂，但会造成温室效应，是比较理想的 R12 替代制冷剂。目前，广泛地应用于制冷空调中，尤其成功地用于汽车空调(图 2-1-1-4)。

图 2-1-1-4　空调制冷剂 R134a

任务二　汽车空调系统便携式压力表组的制冷剂充注

一、资讯

（一）制冷剂罐阀门结构

空调制冷剂罐阀门的结构如图 2-1-2-1 所示。

（二）便携式歧管压力表组工作原理

歧管压力表是专门检查空调系统压力的专用工具，由高压表、低压表、高压开关、低压开关及相应软管等组成(图 2-1-2-2)。通过“打开/关闭”开关来开/关加注软管通道。

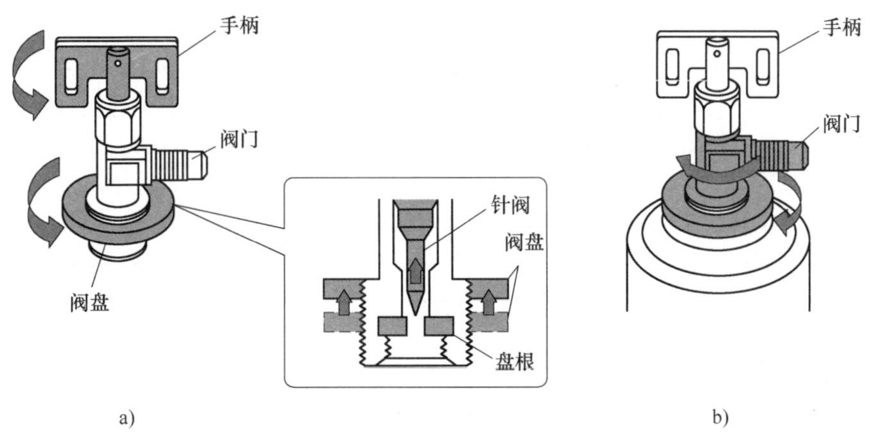

图 2-1-2-1　空调制冷剂罐阀门结构

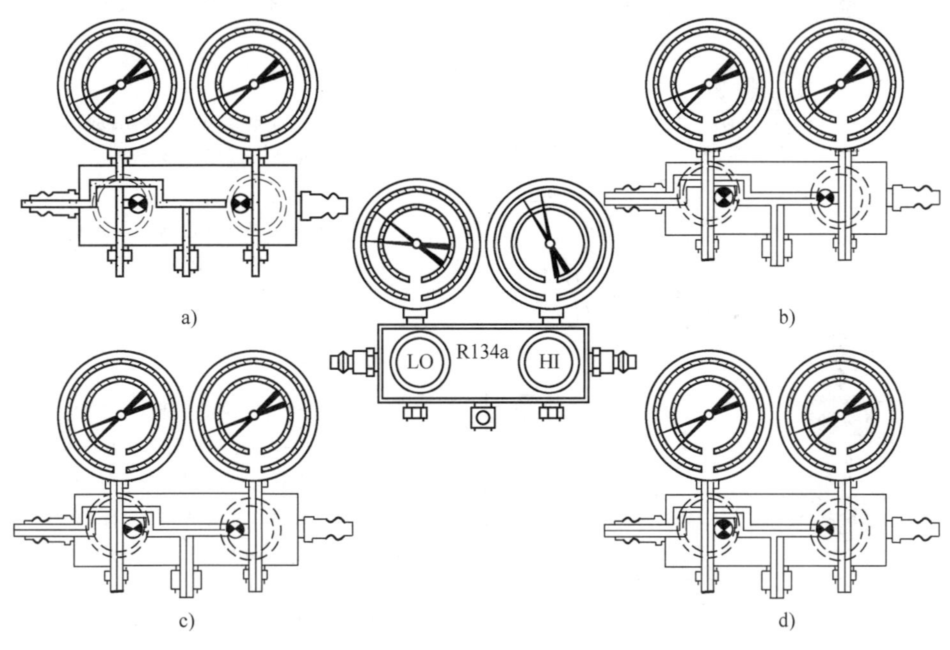

图 2-1-2-2　岐管压力表

a）低压阀关，高压阀关　b）低压阀开，高压阀关

c）低压阀关，高压阀开　d）低压阀开，高压阀开

二、决策

每 6 人一组，每组选出一名负责人，负责人进行小组任务分配，组员按负责人要求完成相关任务内容，并将自己所在小组任务及个人任务内容填入任务决策表(表 2-1-2-1)中。

表 2-1-2-1 任务决策表

序号	小组任务	个人职责(任务)	负责人
1			
2			
3			
4			
5			
6			

三、计划

根据任务内容制订任务计划，简要说明任务实施过程及注意事项，并填入表 2-1-2-2 中。

表 2-1-2-2 任务计划表

车型	2012 款科鲁兹	工作内容	汽车空调系统便携式压力表组的制冷剂充注
1			（1）通过空调系统压力表组的检测发现高低压表指示均偏低，说明空调系统制冷剂不足，需要进行制冷剂的补充充注 （2）在进行补充充注前，需要对空调系统进行全面的泄漏检视，确认无明显泄漏后再进行充注
2	a) b)		（1）检查加注罐连接部件的盘根，逆时针转动手柄升起针阀，逆时针转动阀盘升起 注意：要在针阀升起前安装加注罐，否则针阀会插进加注罐，从而导致制冷剂泄漏 （2）把阀门旋进加注罐直到和盘根紧密接触，然后紧固阀盘根以卡住阀门 注意：不要顺时针转动手柄，否则针阀将插进加注罐，从而导致制冷剂泄漏
3			完全关闭歧管气压表低压侧和高压侧的阀门，把制冷剂罐安装到歧管气压表中间的黄色(或绿色)加注软管，顺时针转动手柄直到针阀在制冷剂罐上钻个孔，逆时针转动手柄退出针阀，按下歧管气压计的气体驱除阀放出空气，直到制冷剂从阀中释出 注意：如果用手按下气体驱除阀，释放出的空调气体就会粘到手上等处，从而导致冻伤，因此要用螺钉旋具等按住阀门

（续）

车型	2012款科鲁兹	工作内容	汽车空调系统便携式压力表组的制冷剂充注
4	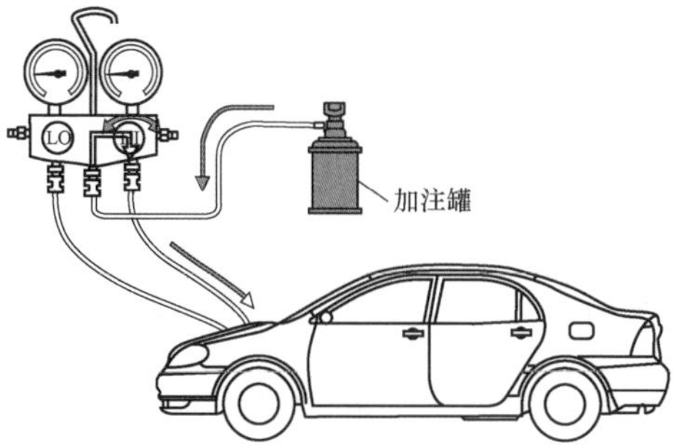		发动机不工作时，打开高压侧阀门加入制冷剂直到低压表到大约0.98MPa（$1kgf/cm^2$）；加注后，关闭阀门 注意：一定不要让压缩机工作，空调压缩机运行时，不能从低压侧加注；也不要打开低压侧阀门，制冷剂在空调压缩机内通常为气体状态，如果从高压侧加注而低压侧阀门开着，液态制冷剂进入低压侧，此时，若空调压缩机开始工作，就会出现液击而损坏
5	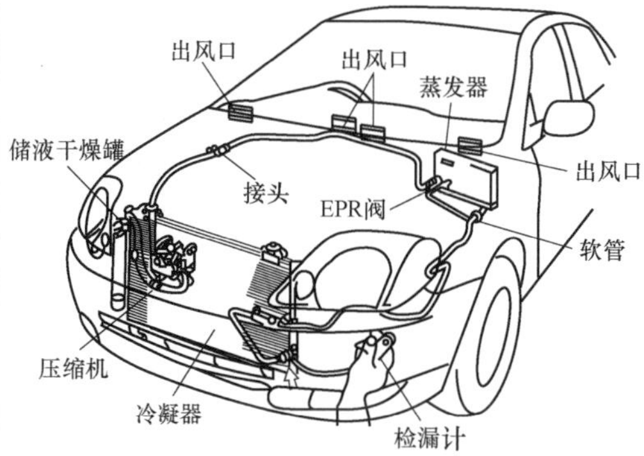		用电子检漏仪按图示的部位检测系统漏气的情况
6	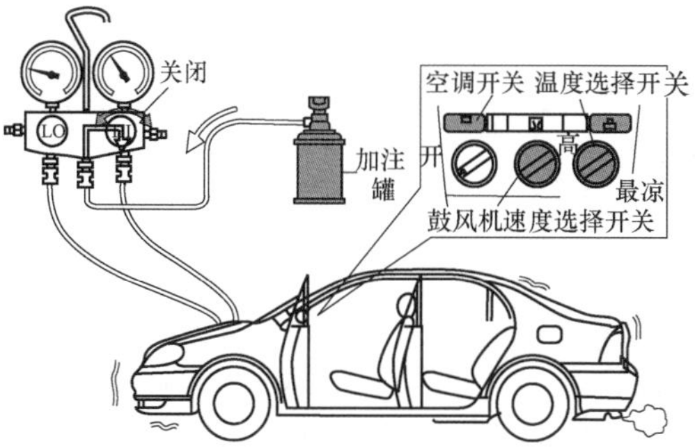		关闭高压侧阀门后，起动发动机并运行空调，设置空调加注条件： （1）完全打开所有车门 （2）温度选择器为最凉 （3）鼓风机速度控制开关处于高位 （4）A/C开关打开 （5）发动机转速为1500r/min以上
7	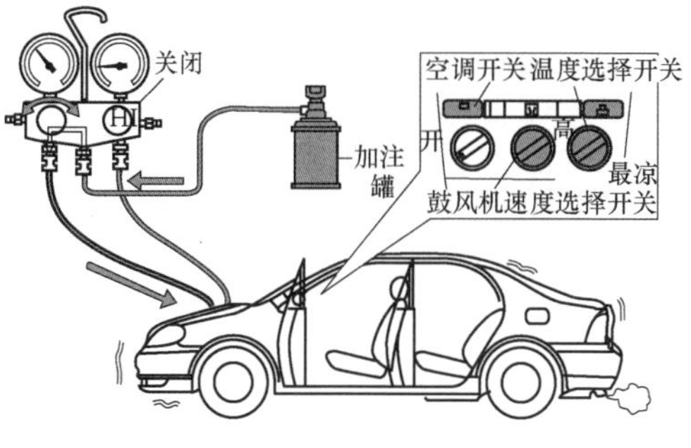		以上加注条件满足后，打开歧管压力表低压侧阀门，从低压侧加入规定量的制冷剂 注意： （1）制冷剂量加注过多也是造成空调制冷不足原因之一 （2）加注量随车型不同而不同，因此应参照相关说明书

（续）

车型	2012 款科鲁兹	工作内容	汽车空调系统便携式压力表组的制冷剂充注
8			低压侧加注制冷剂时，千万不能将制冷剂罐倒置，否则将会使制冷剂以液态进入压缩机。液体不可压缩而导致压缩机损坏
9			（1）更换加注罐时，要关闭高、低压两侧的阀门 （2）更换后，打开驱气阀，从中部的黄色（绿色）软管和歧管压力表中放出空气 （3）发动机工作时，不要打开高压侧的阀门，这将会导致高压气回流至加注罐，造成破裂
10			根据歧管压力表的压力检查制冷剂的加注量：当制冷剂加注量达到规定量时，歧管压力表的压力也应达到规定值，其规定的压力分别为： 低压侧：0.15~0.25MPa（1.5~2.5kgf/cm^2） 高压侧：1.37~1.57 MPa（14~16kgf/cm^2）
11			歧管压力表所示压力随外部空气温度变化而有轻微的变化 （1）外部温度高时，加注制冷剂困难，可用空气或冷水降低冷凝器的温度 （2）外部温度低时，可用温水（40℃以下）加热制冷剂罐，这样可使加注比较容易
12			设置空调性能测试条件： （1）完全打开所有车门 （2）温度选择器为最凉 （3）鼓风机速度控制开关处于高位 （4）A/C 开关打开 （5）发动机转速为 1500r/min 以上

（续）

车型	2012 款科鲁兹	工作内容	汽车空调系统便携式压力表组的制冷剂充注
13	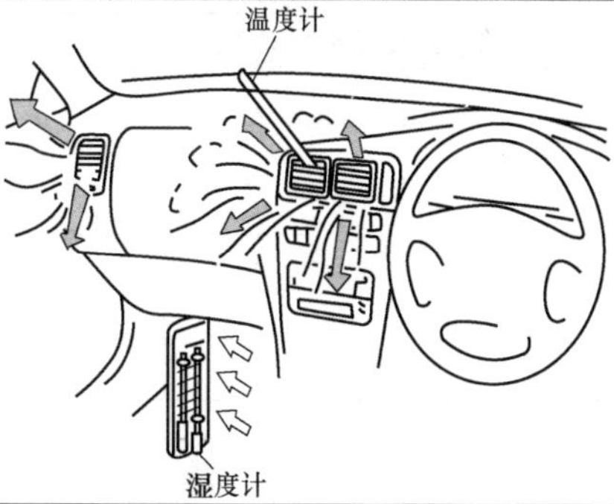		汽车空调运行 5~6min 后测试进、出风口的湿度及温度值
14	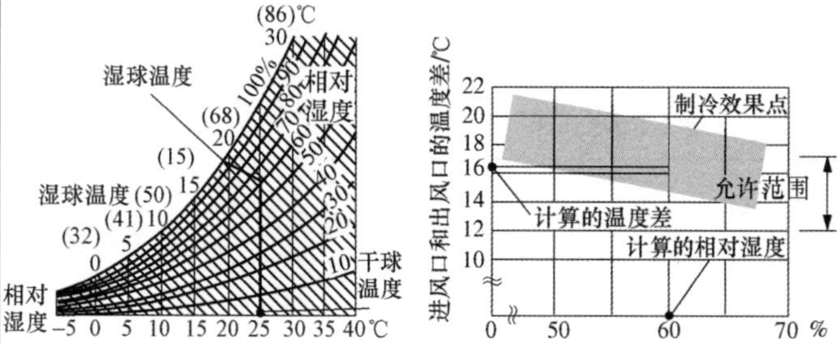		用进风口处的干、湿球温度按图中的图表查出相对温度，再算出进风口与出风口的温度差，检查是否在图中阴影范围内，如果在其范围内，则说明制冷剂性能良好
15	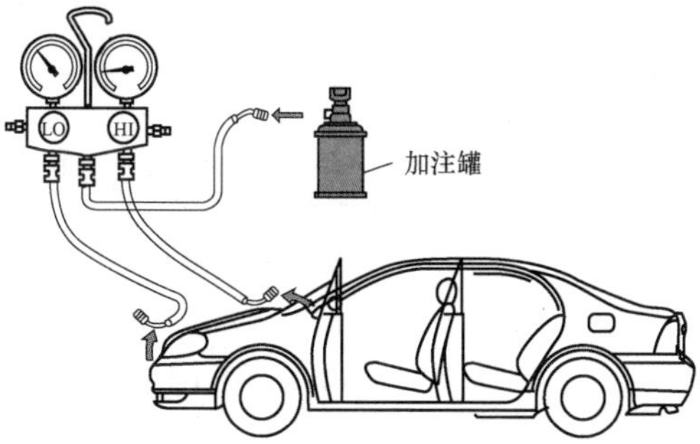		制冷剂量加注量符合要求后，关闭低压侧阀门并关闭发动机

四、实施

（1）实践准备，见表 2-1-2-3。

表 2-1-2-3　实践准备安排表

场地准备	6 人用实习场地一块，对应数量的课桌椅，黑板一块
工量（备件）具准备	常用工具、量具
资料准备	教学课件、项目单；视频教学资料；网络教学资源；2013 款科鲁兹汽车维修手册一套
实践车辆预准备	（1）车辆停放举升机位，以便随时举升用 （2）打开发动机舱盖，做好发动机舱及车内的防护工作

（2）实施计划并完成表 2-1-2-4 的填写。

表 2-1-2-4　实施计划表

车型：		压缩机型号：	
步骤	操作步骤	操作者及使用工具	注意事项
1			
2			
3			
4			
5			
6			

五、检查评估

评价表见表 2-1-2-5。

表 2-1-2-5　评　价　表

姓名：　　　　学号：　　　　用时：

序号	项目	评分项目		评价标准	分值	学生自评	学生互评	教师评价
1	场地准备（5 分）	按规定时间完成场地准备作业		未按时完成扣 5 分	5			
2	质量要求（70 分）	工具准备	工具准备齐全	工具缺漏每次扣 1 分	2			
3		发动机舱检查	发动机舱盖正常开启及支撑杆固定情况检查	检查方法不对扣 1 分	1			
			发动机舱油、液的渗漏检查	未检查或未发现扣 1 分	1			
			发动机润滑油液位	检查方法不对扣 1 分	1			
			冷却液量	检查方法不对扣 1 分	1			
			蓄电池电解液量	未正确检查扣 1 分	1			
			蓄电池电压及蓄电池指示器的检查	未进行检测或检查的扣 2 分	2			
			蓄电池端子松动、腐蚀等情况	未正确检查每项扣 1 分	1			
			冷凝器脏污检查及前围挡的掀起	未检查或未处理扣 1 分	1			
			空调维修检测阀检查	未作检查扣 2 分	2			
4		便携式压力表组的安装连接	压力表组的管路密封性检查	未进行检查的扣 2 分	2			
			压力表组的手动阀开关状况检查	未进行检查的扣 2 分	2			
			压力表组的高压维修阀连接	未正确连接的扣 2 分	2			
			压力表组的低压维修阀连接	未正确连接的扣 2 分	2			
			记录静态低压压力表读数	未记录或记录不正确的扣 2 分	2			
			记录静态高压压力表读数	未记录或记录不正确的扣 2 分	2			

（续）

序号	项目	评分项目		评价标准	分值	学生自评	学生互评	教师评价
5	质量要求（70分）	启动空调系统	降下车窗及打开车门	未降下车窗或未全部打开车门扣2分	2			
			正确检查汽车仪表	未检查汽车仪表状况的扣2分	2			
			正确起动发动机	未正确起动发动机的扣2分	2			
			检查发动机的运转情况	起动后未检查发动机运转状况的扣2分	2			
			正确设置及启动空调系统	不会操作启动空调或操作顺序有误，扣2分	2			
			检查空调系统的运转情况	未对空调系统进行运行检查的扣2分	2			
6		压力表组动态压力值检测	保持发动机转速在2000r/min	未保持或保持转速不对扣2分	2			
			记录动态低压压力表读数	未记录或记录不正确的扣2分	2			
			记录动态高压压力表读数	未记录或记录不正确的扣2分	2			
			空调系统正常的压力值标准	不会查阅或不清楚标准的扣2分	2			
7		制冷剂不足的判断	标准数据与检测数据对比，作出判断	判断不正确每次扣2分	2			
8		压力表组制冷剂的充注	小型制冷剂瓶的安装	不会安装或安装不正确扣3分	3			
			低压侧进行制冷剂的充注	充注方法不对扣3分	3			
			充注时低压侧压力不能过高	充注时速度过快扣2分	2			
			充注时高压侧压力不能过高	充注时未及时停止观察高压侧压力的扣2分	2			
			高低压侧压力应达标准数据值	充注完成后，未进行高低压力的检查扣3分	3			
9		空调制冷系统的检漏	电子式卤素检漏仪的正确使用	电子式卤素检漏仪的探头接触到实测物体扣3分	3			
			电子式卤素检漏仪的正确操作	未按照规定方法对指定部位进行2次检漏，本项目共5分，少检一次或漏检一个部位，扣1分，扣完为止	5			
			记录数据	未记录检测结果扣2分	2			

（续）

序号	项目	评分项目		评价标准	分值	学生自评	学生互评	教师评价
10	5S 情况（10 分）	工作着装	干净整洁，无配饰	未按工作要求着装扣 2 分	2			
			穿着工作鞋	未穿工作鞋扣 1 分	1			
11		作业中	工作台摆放	摆放无序扣 1 分	1			
			量具放置	随意摆放一次扣 1 分	1			
			工具车及工具及时复位	不及时复位扣 1 分	2			
12		车辆、零件及时清洁	场地清洁	清洁不到位扣 1 分	1			
			废弃物处理	不按要求处理废弃物扣 1 分	1			
			设备等清洁归位	未及时清洁设备及归位扣 1 分	1			
13	工作安全（10 分）	整体操作中	作业操作	操作姿势一次不正确扣 1 分，操作不规范扣 1 分	5			
			操作中人身损伤	出现人身损伤扣 5 分	5			
			重大安全事故	出现重大安全事故直接停止操作，总分计 0 分				
14	工作单填写情况（5 分）	工作单填写	整齐如实填写	未如实填写每次扣 1 分	3			
			作业前查看，作业后及时填写	作业前不查看工作单、作业后不及时填写每次扣 1 分	2			
本项目得分					100			
日期：								

六、知识链接

便携式压力表组的抽真空见表 2-1-2-6。

表 2-1-2-6　便携式压力表组的抽真空

车型	2012 款科鲁兹	工作内容	便携式压力表组的抽真空
1	（1）在空调系统检漏过程中，可采用负压检漏时，需要对空调系统进行抽真空，保压检漏 （2）如果空调管道内有水分，在空调工作时就会冻结，这将阻碍制冷剂的流动造成空调不制冷，同时还会导致空调系统内表面生锈。因此在空调系统内部无制冷剂时，需要进行重新加注，重新加注制冷剂时应先对系统进行抽真空		
2	歧管压力表　真空泵　LO　HI		（1）按前述安装歧管压力表，并将红蓝软管分别与汽车空调系统的高、低压侧维修阀安装好 （2）将黄色（绿色）软管的一端接压力表的中部，另一端接真空泵

（续）

车型	2012 款科鲁兹	工作内容	便携式压力表组的抽真空
3	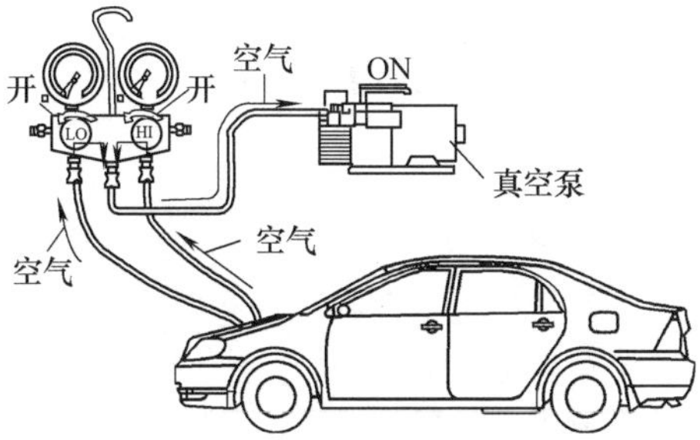		打开歧管压力表高压侧和低压侧两侧的阀门，开启真空泵抽真空，并观察两个压力表，将系统抽真空至 98.70~99.99kPa，关闭歧管压力表上的手动高、低压阀，观察压力表指示压力是否回升。若回升，则表示系统泄漏，此时应进行检漏和修补。若压力表指针保持不动，则打开手动高、低压阀，起动真空泵继续抽真空 15~30min，使真空压力表指针稳定
4	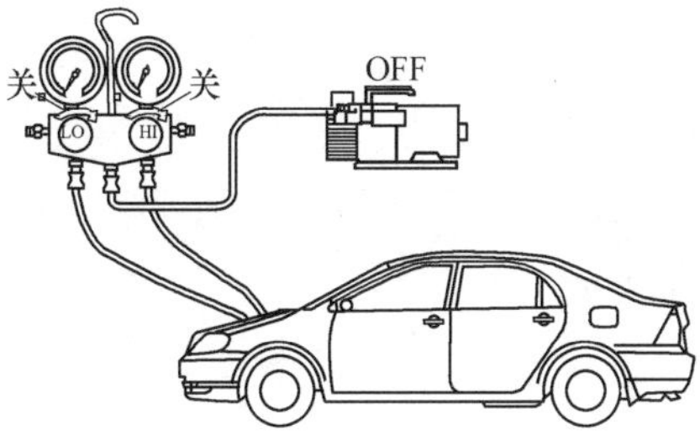		关闭歧管压力表高压侧和低压侧两侧阀门，关停真空泵 注意：如果关闭真空泵时两侧阀门（高压侧和低压侧）都开着，则空气会进入空调系统
5	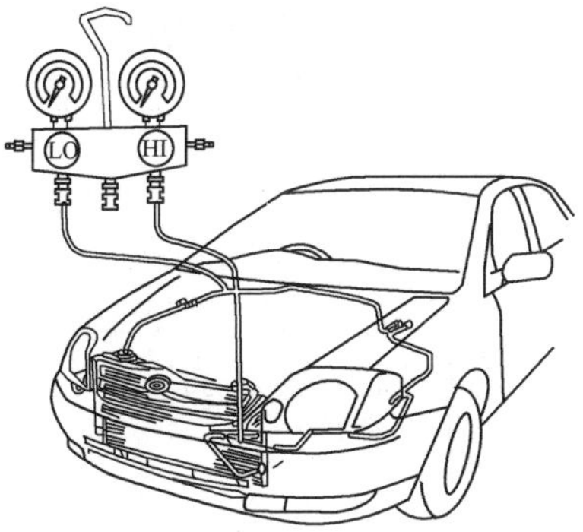		真空泵停止后，高压侧和低压侧两侧的阀门关闭 5min，歧管压力表的读数应保持不变 提示：如果显示压力增加，则有空气进入空调系统，检查 O 形圈和空调系统的连接状况

项目二　汽车空调系统的检漏

➢ 学习目标

1. 能够正确地操作使用电子卤素检漏仪，理解其对汽车空调系统的泄漏检测原理。

2. 能够正确对汽车空调系统充注氮气进行泡沫检漏，理解充注压缩空气与充注氮气的区别。

3. 能够正确对汽车空调系统常见制冷剂泄漏现象进行判断。

4. 能够写出各操作过程和归纳总结。

➢ 学习内容

1. 汽车空调制冷泄漏的常见现象。

2. 汽车空调系统检漏仪的使用操作。

3. 使用泡沫法对汽车空调系统进行检漏的原理。

4. 制订维修计划，填写项目单。

任务一　汽车空调系统的电子卤素仪检漏

一、资讯

（一）制冷剂泄漏原因

为维修方便，汽车空调制冷系统各主要部件之间均采用快速接头连接，制冷系统运行过程中造成系统内压力和温度变化，以及汽车在行驶过程中的振动等因素均会造成制冷系统泄漏。制冷系统泄漏分正常泄漏和非正常泄漏两种情况。

1. 制冷剂的正常泄漏

1）制冷剂在连续制冷循环过程中，压力、温度、气液相的不断变化，以及车辆运行中的连续振动，均会加速制冷系统的所有密封、焊接件、连接部位的损坏，从而发生泄漏。

2）制冷系统的管路，尤其软管（管材为橡胶或尼龙）本身也会造成制冷剂渗漏。这种泄漏量非常小，一般不易测量。

据统计，我国汽车空调制冷剂的平均年泄漏量在50~150g/辆，像这种程度的泄漏情况一般属于正常泄漏。

2. 制冷剂非正常的泄漏

1）制冷系统管路磨损或损坏。

2）制冷系统中零件的原材料、制造、装配等质量不良。

3）车辆意外事故。

制冷剂泄漏是汽车空调系统最常见的故障之一，制冷剂泄漏严重将会导致空调制冷系统不制冷或制冷不足。汽车空调系统工作环境比较恶劣，其制冷系统一直随汽车工作在振动的工况之下，极易造成部件、管道损坏和接头松动，使制冷剂发生泄漏(图 2-2-1-1)。另外每当拆装或检修汽车制冷系统管道、更换零件之后也需要在检修拆装的部位进行制冷剂的泄漏检查。由于制冷剂无色、无味，所以对制冷剂的检漏存在一定的困难，可以采用多种方法，有时也需要借助一些仪器设备。最常见的汽车空调检漏方法有：①肥皂泡检漏；②电子检漏仪检漏；③荧光剂检漏；④制冷剂染色检漏(图 2-2-1-2)。

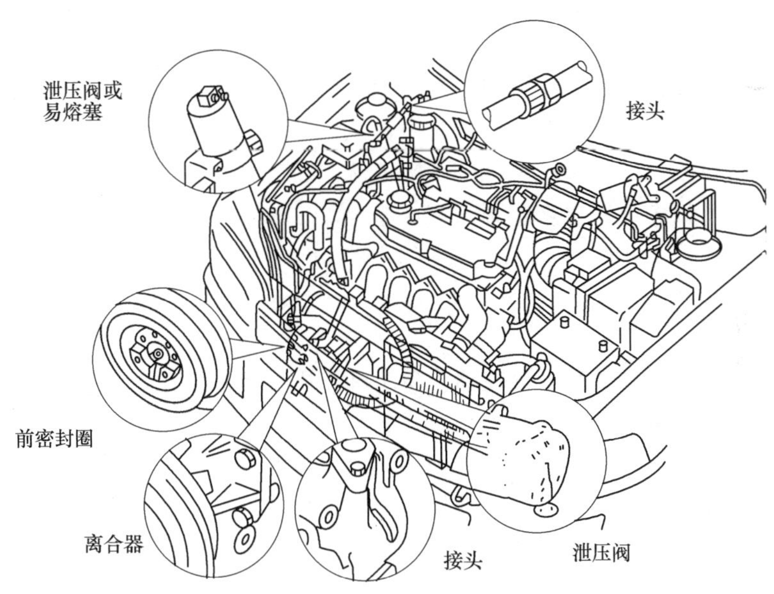

图 2-2-1-1　汽车空调泄漏部位

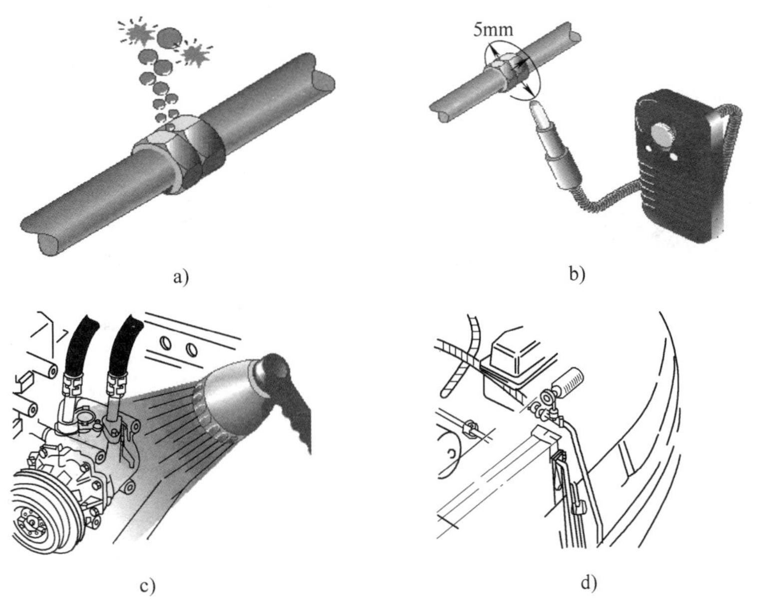

图 2-2-1-2　汽车空调检漏方法

a）肥皂泡检漏　b）电子检漏仪检漏　c）荧光剂检漏　d）制冷剂染色检漏

（二）电子式卤素检漏仪（TIFXP-1A）

（1）用途：对空调制冷系统进行检漏。

（2）优势

1）超高灵敏度（最高灵敏度：3g/m³）。

2）7 个灵敏度等级，利用制冷剂浓度差，寻找到制冷剂泄漏点。

（三）TIF XP-1A 功能键的使用

1. 电源指示/电池测试

TIFXP-1A 型检卤素检测仪可以两种方式指示电池状况。一种为常设状态。通过最左边的发光二极管指示电池的电量。另一种为电池测试状态。按下电池测试键进行电池测试。测试时发光二极管以三色图谱指示电池的实际电压。若按住电池测试键不放，则持续显示电池电压。松开电池测试键返回正常状态。

2. 自动电路/复位功能

TIFXP-1A 型检卤素检测仪装有自动电路和复位键，可使本仪器忽略环境中制冷剂的浓度水平。

自动电路——打开开关时，该仪器将忽略环境中的制冷剂浓度，设置零点。只有当浓度大于此水平时才发出警告。

注意：若将探头置于泄漏处开机，则不能测出泄漏。

复位功能——在操作中按下复位键执行清零复位功能。当按下复位键时，仪器将重置零点，忽略探头周围存在的制冷剂。这样操作则可检测更高的浓度。将仪器移至清洁空气中复位可调整到最大的灵敏度。当按下复位键时，发光二极管（除最左边的外）将变成橘红色，大约 1s 确认复位动作。

3. 灵敏度调节

TIFXP-1A 型卤素检测仪具有 7 档灵敏度可调（图 2-2-1-3）。按下灵敏度增加键或降低键可调整灵敏度的水平，相应的灵敏度通过发光二极管指示出来。“嘟嘟”声的频率也可指示灵敏度的区别。

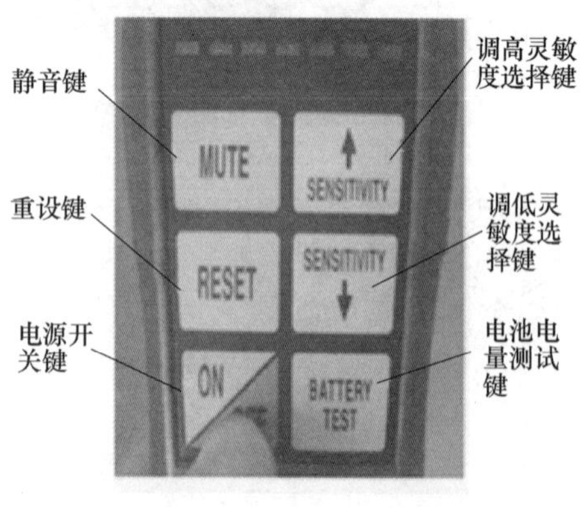

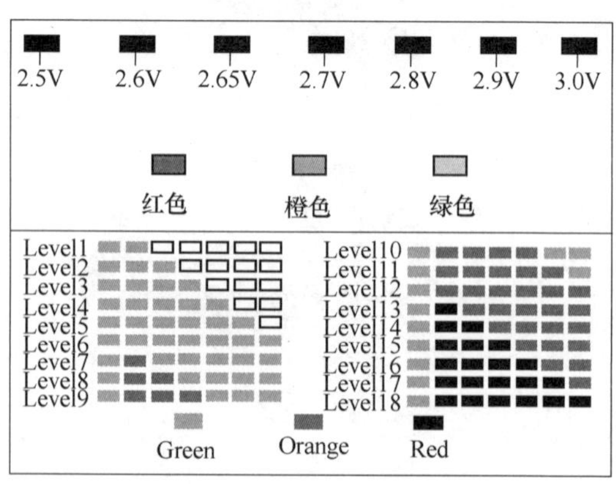

图 2-2-1-3　卤素检测仪灵敏度显示

当开机时，仪器自动认定为第 5 档。按灵敏度上调键或下调键，可调节灵敏度。在按下调整键时，发光二极管显示红色。发光二极管亮的数目代表相应的灵敏度级别。最左边的发光二极管表示 1 级(最低灵敏度)。从左边数，2~7 级由相应数目的发光二极管表示，所有的发光二极管全亮时表示 7 级(最高灵敏度)。按一次上调键或下调键改变一级，也可以持续按键快速改变级别。每增加(或降低)一档，表示相对灵敏度变化一倍，这使得仪器的灵敏度最大可增加 64 倍。

4. 警示

TIFXP-1A 型卤素检测仪具有 18 级警示，因此可清晰地指示泄漏的相对大小和强度。渐进的指示可用于定位漏点。因为增加的警示级别表示正在接近泄漏源(最高浓度处)。每一级由相应的红、绿、橙三色之一的发光二极管表示。

首先，从左到右显示绿色，然后又从左到右显示橙色，并逐一替换掉绿色。最后，从左到右显示红色，并逐一替换掉橙色。

(四) TIF XP-1A 的操作步骤

(1) 打开电池开关，发光二极管将显示复位指示 2s(左灯为绿色,其他灯为橙色)。

(2) 通过观察发光二极管核对电池电力。

(3) 开机时，默认灵敏度为 5 级，此时可听到间隔稳定的“嘟、嘟”声，如果有需要，可通过灵敏度调整键改变灵敏度。

(4) 开始检漏时，当泄漏的气体被发现，“嘟嘟”声将变得急促，发光管也将根据浓度的变化改变发光方式。

(5) 可在操作中进行灵敏度调整，且不影响检测。

(6) 如泄漏源被定位之前，已达到最高警示(发光二极管 1 绿 6 红)。应按复位键复位到零参考水平。

(7) 为保证仪器测量准确可靠，可经常进行复位操作。

二、决策

每 6 人一组，每组选出一名负责人，负责进行本小组任务分配，组员按负责人要求完成相关任务内容，并将自己所在小组任务及个人任务内容填入任务决策表(表 2-2-1-1)中。

全组讨论：空调管路的组成，制冷剂流动路线，可能的部位。

表 2-2-1-1　任务决策表(培养组织能力)

序号	小组任务	个人职责(任务)	负责人

三、计划

制订排除故障的计划，根据实际情况，由易到难，以较少的操作完成排除故障任务。具体的计划由学生制订，经老师审核后可以实施(以指导教师认为安全可控为原则,允许不同的思路或不同的求证方法)。

四、实施

实践准备见表 2-2-1-2。

表 2-2-1-2 实践准备安排表

场地准备	工具	资料
30 人一个场地、对应数量的课桌椅、黑板一块、实训车辆 4 台等	(1) 世达 120 件套 (2) 车辆防护用品(内 5 件套、外 3 件套) (3) TIF XP-1A 电子卤素仪检漏	(1) 维修资料 (2) TIF XP-1A 使用说明书

(一) TIF XP-1A 的使用

制订 TIF XP-1A 使用步骤的表格以及验证 TIF XP-1A 性能好坏的方法(表 2-2-1-3)。

表 2-2-1-3 验 证 表

序号	操作步骤	显示/情况	是否正常	备注
1				
2				
3				
4				
5				
6				
7				

验证 TIF XP-1A 性能好坏：(填写验证情况)

(二) 制定检测记录表

检测记录表见表 2-2-1-4。

表 2-2-1-4 检测记录表

序号	检测部位(点)	仪器复位	灵敏感度设置(值)	测量结果(几级)	复诊	判断
1						
2						
3						

五、检查评估

评价表见表 2-2-1-5。

表 2-2-1-5　评　价　表

姓名：　　　　　　　　　　学号：　　　　　　　　　　用时：

序号	项目	评分项目		评价标准	分值	学生自评	学生互评	教师评价
1	场地准备（5 分）	按规定时间完成场地准备作业		未按时完成扣 5 分	5			
2	质量要求（70 分）	工具准备	工具准备齐全	工具缺漏每次扣 1 分	2			
3		发动机舱检查	发动机舱盖正常开启	检查方法不对扣 1 分	1			
			发动机润滑油油位	检查方法不对扣 1 分	1			
			冷却液量	检查方法不对扣 1 分	1			
			蓄电池电解液量或指示器颜色	未正确检查扣 1 分	1			
			蓄电池端子松动、腐蚀情况	未正确检查每项扣 1 分	1			
			发动机舱盖支撑杆固定情况	未作检查扣 1 分	1			
4	质量要求（70 分）	车辆空调外观检查	空调压缩机（目测）	未作检查每次扣 1 分	1			
			发动机舱空调管路	检查不完整每次扣 1 分	1			
			冷凝器（目测）	未作检查每次扣 1 分	1			
			蒸发器排水口是否有油	未作检查每次扣 1 分	1			
5		决策与分工	各组员合理分工	分工不合理扣 2 分	2			
			记录决策过程（工作步骤）	记录不完整扣 2 分	2			
6		仪器性能验证	验证方法正确	不正确每次扣 2 分	8			
			记录验证数据值及结论	记录不完整扣 2 分	6			
7		检漏	正确使用仪器	仪器使用不正确每次扣 2 分	10			
			检漏部位正确	检漏部位不正确每次扣 2 分	10			
			检漏结果正确	结果不正确扣 2 分	4			
			检漏部位与数据记录	记录不完整每次扣 2 分	8			
8		排除故障	向指导教师汇报故障点	未汇报扣 2 分	2			
			提出排除故障方法	不知排除故障方法扣 2 分	2			
			经指导教师同意后排除故障	不会排除故障扣 2 分	2			
			复检	未复检扣 2 分	2			

（续）

序号	项目	评分项目		评价标准	分值	学生自评	学生互评	教师评价
9	5S 情况（10 分）	工作着装	干净整洁，无配饰	未按工作要求着装扣 2 分	2			
			穿着工作鞋	未穿工作鞋扣 1 分	1			
10		作业中	工作台摆放	摆放无序扣 1 分	1			
			量具放置	随意摆放一次扣 1 分	1			
			工具车及工具及时复位	不及时复位扣 1 分	2			
11		车辆、零件及时清洁	场地清洁	清洁不到位扣 1 分	1			
			废弃物处理	不按要求处理废弃物扣 1 分	1			
			设备等清洁归位	未及时清洁设备及归位扣 1 分	1			
12	工作安全（10 分）	整体操作中	作业操作	操作姿势一次不正确扣 1 分，操作不规范扣 1 分	5			
			操作中人身损伤	出现人身损伤扣 5 分	5			
			重大安全事故	出现重大安全事故直接停止操作，总分计 0 分				
13	工作单填写情况（5 分）	工作单填写	整齐如实填写	未如实填写每次扣 1 分	3			
			作业前查看，作业后及时填写	作业前不查看工作单、作业后不及时填写每次扣 1 分	2			
本项目得分					100			
日期：								

六、知识链接

汽车空调检漏的方法如下：

（1）目测检漏法　制冷剂与冷冻机油是互溶的，所以泄漏处必然有油迹出现，但是压缩机轴封处微量的油迹是正常的。

（2）肥皂水检漏法　检漏时，擦净被检漏部件，把肥皂水刷在可能泄漏的地方，若有泄漏，便会出现气泡。

（3）加染料检漏法　给系统加入带有染料的制冷剂，在泄漏处就会明显地看到有颜色斑痕。

（4）卤素灯检漏法　使用卤素灯检查时，应严格遵守其使用方法。待火焰调整正确之后，让吸气管管口靠近被检测部位，观察火焰颜色的变化，则可判断泄漏情况。表 2-2-1-6 给出泄漏量大小与火焰颜色对应情况。

表 2-2-1-6　泄漏量大小与火焰颜色对应情况

火焰情况　(R12)	每月泄漏量/g
无变化	<4
微绿色	24
浅绿色	32
深绿色	42
绿紫色	114
带紫的绿紫色	163
强紫的绿紫色	500

(5) 卤素检漏仪检漏法　该仪器是根据卤素原子在一定的电场中极易发生电离而产生电流的原理所制成。在使用时，只需将探头伸向可能泄漏的部位，若有泄漏，警铃或警灯根据泄漏量多少显示相应信号。

(6) 正压检漏法　系统在维修之后，充氟之前，先充入少量气态氟，再充氮加压，使压力达到 1.4~1.5MPa，保压 12h。其表压下降超过 0.005MPa 时，说明系统泄漏。先用肥皂水粗检，后用卤素灯细检，察明具体泄漏部位。

(7) 负压检漏法　将系统抽成真空，保持一定时间，观察真空表压力的变化情况，如果真空度下降，说明系统泄漏。

后两种方法，只能检测系统是否泄漏。前五种方法，可以检测泄漏的具体位置。其中前三种方法比较直观、方便，但有些部位不便检查且微量的泄漏不易查出，因而只作为粗检使用。卤素检漏仪灵敏度很高，当制冷系统年泄漏超过 0.5g 就能测出。但因对系统周围空间泄漏的制冷剂也能测出，会误判泄漏部位且该仪器成本高，价格贵，一般不使用。卤素灯检查虽然操作稍微麻烦，但其结构简单，价格低廉，检测精度也比较高，因而最常用。

任务二　汽车空调系统的正压泡沫检漏

一、资讯

(一) 检查部位

检查部位如图 2-2-2-1 所示。

(二) 轿车空调制冷系统常发生泄漏的部位

轿车空调制冷系统常发生泄漏的部位见表 2-2-2-1。

表 2-2-2-1　轿车空调制冷系统常发生泄漏的部位

序号	部件	泄漏常发生的部位
1	压缩机	压缩机轴封 压缩机吸、排气阀处 前、后盖密封处 与制冷剂管道接头处

（续）

序号	部件	泄漏常发生的部位
2	冷凝器	冷凝器进气管和出气管连接处 冷凝器盘管
3	储液干燥器	易熔塞 管道接头喇叭口处
4	蒸发器	蒸发器进口管和出口管的连接处 蒸发器盘管
5	膨胀阀	膨胀阀接头
6	制冷剂管道	高、低压软管 高、低压软管各接头处

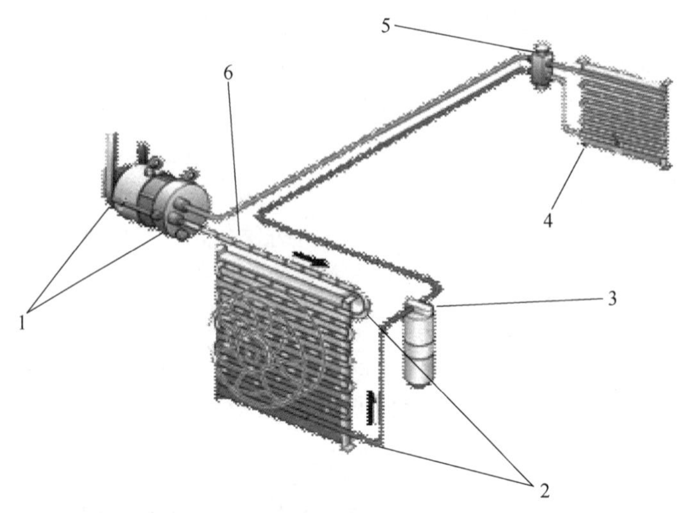

图 2-2-2-1　轿车空调制冷系统常发生泄漏的部位

（三）确定泄漏部位的方法

加压气泡查漏法：采用氮气加压检漏法检测的同时，使用洗涤灵水溶液泡沫涂抹空调系统管路以及各部件外表(推荐用海绵进行涂抹,使起泡量达到最大)，查看是否有气泡产生。建议使用洗涤灵原因是，其泡沫细腻且保持时间长，远优于肥皂水等发泡溶液。使用时，可将压缩机泵头处涂抹覆盖，在系统压力为2.0~2.5MPa时，上下晃动且尽可能地加大晃动的频率，可检查泵头处有无泄漏。此种检漏方法简便易行，且成本较低，适合日常空调系统泄漏的检查。

如果制冷装置中制冷剂已经全部漏光，或者对于装配完毕但未充注制冷剂的空调系统，为了检测出泄漏点，可采取加压检漏法。即先向空调系统内充入某种高压气体，使系统保持1~2MPa的压力，然后再用气体检漏方法进行检漏，找出泄漏点。

（四）充注气体的选择

需要注意的是，充入空调系统中的高压气体必须是干燥、无腐蚀性且不可燃的气体。常用于加压检漏法的高压气体有以下几种。

（1）氮气　氮气是化学性能稳定气体，来源广泛，价格低，最适用于加压检漏法。由于氮气瓶内的压力较高，必须用一个压力调节器来控制充气压力。装置中充入氮气后，可用肥皂水检漏法检测泄漏点。

（2）二氧化碳　操作方法与氮气检漏法相同。

（3）混合气　氮气或二氧化碳与制冷剂的混合气。可以先向空调系统中充入少量的制冷剂，再充入一定压力的氮气，这样既节约了检修成本，又可以很方便地用电子检漏仪检漏。

（五）普通氮气加压查漏法的改进

在查漏之前，先将压力表改装一下：去掉低压表头，再用一块高压表头代替低压表头。这样一块压力表上就装备了2块高压表头。改装的原因是，按照以往的方法采用低压表加压查漏，往往会对低压表产生损坏（目前大多数压力检测方法推荐充气压力为0.78MPa左右，刚好是低压表的最大量程范围）；将压力表更改成2块高压表头后，不仅能够提高查漏压力检测的效率和便捷性，而且不会对压力表产生损坏。

查漏时，分别将2块表头接入高、低压管路的接头上，使用氮气加压。压力应加至2.0~2.5MPa，因为空调风扇一般高速转动时产生的压力为1.7~2.0MPa，也就是说，空调时常会在此压力状态下工作，泄漏也会在此时发生。大多数车型空调系统设计的耐压范围一般不低于3.0MPa，即在此压力范围内不会损坏系统，但实际维修中也应考虑系统老化的问题，维修人员在实际中总结出来这个相对安全且快速实用的氮气加压范围。

在此压力(2.0~2.5MPa)下，如果空调系统能够保压20min(不能有掉表现象,指针指示应丝毫不变)，基本就可判定为系统无泄漏(但须注意的是压缩机是个运转的部件)。因为此时高压和低压两处的压力一致，两边指示应相同且不变。但是，这种查漏方法对于压缩机泵头处在工作运转时发生的泄漏，是不适用的(此故障在不严重时,静态打压查漏是无能为力的)。和一般压力表查漏法相比较，这种方法最大的优点就是不损坏压力表(低压表)，测量准确且快捷。

二、决策

每6人一组，每组选出一名负责人，负责进行本小组任务分配，组员按负责人要求完成相关任务内容，并将自己所在小组任务及个人任务内容填入任务决策表(表2-2-2-2)中。

全组讨论：空调管路的组成，制冷剂流动路线，可能的部位。

表2-2-2-2　任务决策表

序号	小组任务	个人职责(任务)	负责人
1	制冷剂不足的验证		
2	就车外观检查		
3	就车压力检漏工具准备		
4	压力检查作业表制作		
5	标准数据查找(压力数据)		
6	注意事项记录(安全监督)		
……	……		

三、计划

制订排除故障的计划，根据实际情况，由易到难，以较少的操作完成排除故障任务。具体的计划由学生制订，经老师审核后可以实施(以安全可控为原则)。

确定空调系统制冷剂不足见表 2-2-2-3。

表 2-2-2-3　确定空调系统制冷剂不足

序号	检查步骤	正常值(数据/情况)	检查结果	结论
1				
2				
3				

就车压力检漏见表 2-2-2-4。

表 2-2-2-4　就车压力检漏

就车压力检漏	教师：	
操作内容	注意事项	结果记录
外部检查	不可在发动机运转时检查	
部位清洁		
装压力表	如高、低压表量程不一样(未改装)，不可装反	
调整氮气瓶的出气压力	2.0MPa	
加注氮气	不可高于压力表量程(2.0MPa)	
检漏步骤： (1) 检查压力表、压力表各接头。 (2) 如压力表接头有渗漏，请拆开压力表，然后检查气门芯。 (3) ……(各组根据自己的排除故障思路制订检漏步骤)		

空调管路系统车外检漏(表 2-2-2-5)。如果就车检查找不到渗漏点，应该把空调管路系统从车上拆下，在车外连接成完整的管路系统，向系统充入 2.0~2.5MPa 压力氮气，把系统浸入水中，或在管路上抹上肥皂水，观察气泡冒泡处即为渗漏点。

在查漏之前，先将压力表改装一下，改装方法前文已述，请参考。

注意：不可用压缩空气加注，因为空气中有水分、氧气，对系统有破坏作用。

表 2-2-2-5　空调管路系统车外检漏

空调管路系统车外检漏	教师：	
操作内容	注意事项	结果记录
外部检查		
部位清洁		
更换胶圈	胶圈是一次性使用零件	
装压力表	使用改装的压力表	

（续）

空调管路系统车外检漏	教师：	
操作内容	注意事项	结果记录
调整氮气瓶的出气压力	2.5MPa	
加注氮气	管路均压	
检漏步骤： （1）检查压力表、压力表各接头。 （2）如压力表接头有渗漏，请拆开压力表，然后检查气门芯。 （3）……（各组根据自己的排除故障思路制订检漏步骤）		

四、实施

实践准备见表2-2-2-6。

表2-2-2-6　实践准备安排表

场地准备	工具	资料
6人一个场地、对应数量的课桌椅、黑板一块、实训车辆1台等	（1）世达120件套 （2）车辆防护用品（内5件套、外3件套） （3）氮气瓶 （4）空调压力表	（1）维修资料 （2）经教师批准的各种实施表格

（一）作业安全要求

1. 安全注意事项

（1）制冷剂的蒸发能力很强，如果不小心接触到人体皮肤或眼睛，就会夺取大量热量而蒸发，从而冻伤人体。因此操作时应注意安全，避免直接接触制冷剂，最好戴护目镜。一旦制冷剂溅入眼睛，千万不可用手揉，要立刻用大量眼药水或干净的冷水冲洗，目的是用冷水冲淡制冷剂的浓度，并立即到医院治疗。一旦制冷剂接触到皮肤，应立刻用大量冷水冲洗，用清洁的凡士林涂在皮肤上，并到医院治疗，千万不可用手乱揉。

（2）由于制冷剂无色无味或气味很小，不易被人察觉，但会使大气中的氧气浓度下降，使人窒息，所以维修空调系统时应在通风良好的地方进行。

（3）虽然制冷剂不属于易燃易爆的物质，但是制冷剂遇到明火会生成有毒气体，使用时应注意不可接触到火源。

（4）向空调系统充注制冷剂时，如果一定要从高压端加注制冷剂，那么严禁开动压缩机。

（5）在没有排放制冷剂前，不要打开或松开空调系统的管接头。在松开管接头时，如果明显有残余压力存在，应先将压力释放。

2. 操作注意事项

（1）冷冻机油与制冷剂是完全溶解的，因此在排放制冷剂时要缓慢进行，以免冷冻机油与制冷剂一同放出。

（2）在充注制冷剂前，必须抽真空；在拆卸空调管或部件前，应先擦净接头外部；拆

下空调系统部件后，应立即用塑料胶带等阻塞管口。

（3）空调系统中的各处接头不应拧得过紧，应按照规定的力矩拧紧，否则容易挤压到密封胶圈，造成系统泄漏。密封胶圈属于一次性使用零件，每次拆下必须更换。在拆卸空调管接头时，扳手应卡住两端面，防止空调管路扭转损坏。

（4）冷冻机油容易从空气中吸收水分，因此应将冷冻机油放在干净、无水分的容器中密封存储。

（二）按以下表格步骤操作，并做好记录

就车压力检漏见表 2-2-2-7。

表 2-2-2-7　就车压力检漏表

就车压力检漏	教师：	
操作内容	注意事项	结果记录
外部检查	不可在发动机运转时检查	
部位清洁		
装压力表	如高、低压表量程不一样（未改装），不可装反	
调整氮气瓶的出气压力	2.0MPa	
加注氮气	不可高于压力表量程(2.0MPa)	
检漏步骤： （1）检查压力表、压力表各接头。 （2）如压力表接头有渗漏，请拆开压力表，然后检查气门芯。 （3）……(各组根据自己的排除故障思路制订检漏步骤)		

注意：不可用压缩空气加注，因为空气中有水分、氧气，对系统有破坏作用。

空调管路系统车外检漏见表 2-2-2-8。

表 2-2-2-8　空调管路系统车外检漏表

空调管路系统车外检漏	教师：	
操作内容	注意事项	结果记录
外部检查		
部位清洁		
更换胶圈	胶圈是一次性使用零件	
装压力表	使用改装的压力表	
调整氮气瓶的出气压力	2.5MPa	
加注氮气	管路均压	
检漏步骤： （1）检查压力表、压力表各接头。 （2）如压力表接头有渗漏，请拆开压力表，然后检查气门芯。 （3）……(各组根据自己的排除故障思路制订检漏步骤)		

五、检查评估

评价表见表 2-2-2-9。

表 2-2-2-9　评　价　表

姓名：　　　　学号：　　　　用时：

序号	项目	评分项目		评价标准	分值	学生自评	学生互评	教师评价
1	场地准备（5 分）	按规定时间完成场地准备作业		未按时完成扣 5 分	5			
2	质量要求（70 分）	工具准备	工具准备齐全	工具缺漏每次扣 1 分	2			
3		发动机舱检查	发动机舱盖正常开启	检查方法不对扣 1 分	1			
			发动机润滑油油位	检查方法不对扣 1 分	1			
			冷却液量	检查方法不对扣 1 分	1			
			蓄电池电解液量或指示器颜色	未正确检查扣 1 分	1			
			蓄电池端子松动、腐蚀情况	未正确检查每项扣 1 分	1			
			发动机舱盖支撑杆固定情况	未作检查扣 1 分	1			
4		车辆空调外观检查	空调压缩机（目测）	未作检查每次扣 1 分	1			
			发动机舱空调管路	检查不完整每次扣 1 分	1			
			冷凝器（目测）	未作检查每次扣 1 分	1			
			蒸发器排水口是否有油	未作检查每次扣 1 分	1			
5		决策与分工	各组员合理分工	分工不合理扣 2 分	2			
			记录决策过程（工作步骤）	记录不完整扣 2 分	2			
6		安装压力表	安装压力表管路到压力表	高低压管路装错扣 2 分	2			
			安装压力表管路到空调系统	不会安装扣 2 分	2			
7		检测空调系统压力	正确起动发动机	不正确扣 2 分	2			
			正确打开空调	不正确扣 2 分	2			
			检测数据的记录	记录不完整扣 2 分	2			
8		制冷剂回收	按规范步骤回收	操作步骤不正确每次扣 2 分	8			
		充注氮气	写出充注氮气的步骤与数据（压力）	步骤不正确每次扣 2 分	10			
			经指导教师同意后，按步骤充注适量氮气	未经指导教师同意扣 10 分	10			
			填写相应表格	填表不完整每次扣 2 分	6			
		检漏	对可疑部位检漏	检漏方法不正确扣 2 分	2			
		排除故障	向指导教师汇报故障点	未汇报扣 2 分	2			
			提出排除故障方法	不会排除故障方法扣 2 分	2			
			经指导教师同意后排除故障	不会排除故障扣 2 分	2			
			复检	未复检扣 2 分	2			

（续）

序号	项目	评分项目		评价标准	分值	学生自评	学生互评	教师评价
9	5S 情况（10 分）	工作着装	干净整洁，无配饰	未按工作要求着装扣 2 分	2			
			穿着工作鞋	未穿工作鞋扣 1 分	1			
10		作业中	工作台摆放	摆放无序扣 1 分	1			
			量具放置	随意摆放一次扣 1 分	1			
			工具车及工具及时复位	不及时复位扣 1 分	2			
11		车辆、零件及时清洁	场地清洁	清洁不到位扣 1 分	1			
			废弃物处理	不按要求处理废弃物扣 1 分	1			
			设备等清洁归位	未及时清洁设备及归位扣 1 分	1			
12	工作安全（10 分）	整体操作中	作业操作	操作姿势一次不正确扣 1 分，操作不规范扣 1 分	5			
			操作中人身损伤	出现人身损伤扣 5 分	5			
			重大安全事故	出现重大安全事故直接停止操作，总分计 0 分				
13	工作单填写情况（5 分）	工作单填写	整齐如实填写	未如实填写每次扣 1 分	3			
			作业前查看，作业后及时填写	作业前不查看工作单、作业后不及时填写每次扣 1 分	2			
本项目得分					100			
日期：								

六、知识链接

高压空气检漏的缺点如下：

1）模糊检漏，只能查大漏，部分漏点无法测出，对于微慢漏点没有办法。

2）检测时间可能很长，有时达到几天。

3）传统方法需要熟练技术工人。

4）对空调系统有损伤。

随着科技的不断发展，许多关于汽车空调检测和维修的先进设备已然面世，现今很多汽车空调制冷剂回收充注设备也具有空调系统泄漏检测功能。然而出于各种原因，该种设备在许多综合维修企业内尚未普及。在这些缺乏专业设备的维修企业内，上述检漏方法或许能缓解一时之急，但终归还是要被更加专业、规范的检测设备所取代。

任务三　汽车空调系统的荧光检漏

一、资讯

荧光追踪剂检漏法(图 2-2-3-1)：利用荧光剂在检漏灯照射下会发出黄绿荧光的原理，将荧光剂按一定比例加入空调系统中，系统运作 2h 后戴上专用眼镜，用检漏灯照射系统的外部，泄漏处将呈明亮的黄色荧光。这种检漏成本较高，但非常专业及准确，极其微量的泄漏都可发现，现在“4S”店一般采用这种方法。

图 2-2-3-1　荧光追踪剂检漏法

(一) 荧光泄漏检测仪

荧光泄漏检测仪如图 2-2-3-2 所示。

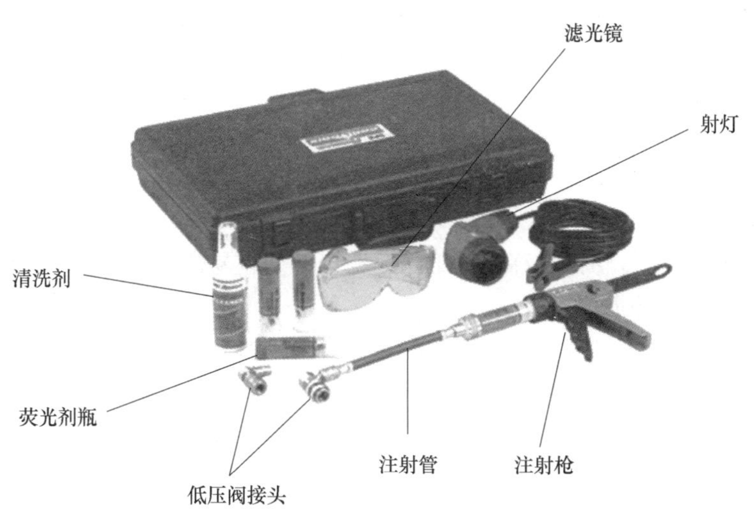

图 2-2-3-2　荧光泄漏检测仪

(二) 荧光泄漏检测操作说明

(1) 通用汽车公司现在生产车辆的空调（A/C）系统中直接注入了荧光染色剂。荧光染色剂和聚二醇（PAG）油混合并一起流经整个制冷系统。尽管空调系统含有荧光染色剂，但某些被动泄漏的验证仍可能需要使用卤素检漏器。

（2）只有在冲洗空调系统之后才需要添加荧光染色剂。荧光泄漏检测器荧光染色剂有助于查明空调系统中的泄漏部位。

注意：聚二醇油可溶于水。

1）蒸发器芯或制冷剂管路上的冷凝水可以将聚二醇油和荧光染色剂从实际的泄漏部位冲走。冷凝水也可能通过暖风、通风与空调系统模块的排水管带走染色剂。

2）使用检漏灯时，空调系统中的泄漏将显示浅绿色或黄色灯。

在以下部位使用检漏灯：

① 所有使用密封垫圈或 O 形圈的接头或连接处。

② 所有空调系统部件。

③ 空调压缩机轴密封件。

④ 空调软管和压力开关。

⑤ 暖风、通风与空调系统模块排水管（若怀疑蒸发器芯有泄漏时）。

⑥ 检修口密封帽。

⑦ 密封帽是检修口的主要密封件。

3）遵照检漏灯附带的说明书操作。

4）为避免出现误诊断，应彻底清除已查明泄漏部位的残留染色剂。使用抹布和经过许可的荧光染色剂清除剂。

（3）荧光染色剂的注射。

注意：只能使用上海通用汽车公司许可的荧光染色剂。

1）并非所有的荧光染色剂都和聚二醇油相容。某些类型的染色剂会降低油的粘度或可能与油发生化学反应。

注意：切勿向空调系统加注过量染色剂。

2）R134a 泄漏检测染色剂需要一定时间才起作用。根据泄漏速度的不同，在 15min ~ 7 天的时间范围内，可能无法观察到泄漏。

3）为避免出现错误诊断，使用抹布和经过许可的荧光染色剂清除剂彻底清除检修端口处的所有残留染色剂。

（4）卤素检漏器。

警告：由于检漏器传感器在高温下工作，所以切勿在易燃环境中操作检漏器，否则可能导致人员受伤和/或设备损坏。

为执行泄漏测试，应确保车辆空调制冷系统中至少有 0.45kg（1lb）的制冷剂。

注意：卤素检漏器对以下物品比较敏感：

1）车辆上使用的某些粘结剂。

2）很多溶剂和清洁剂。

3）风窗玻璃清洗剂。

为防止误报警，应清洗并干燥所有表面。油液会损坏检测仪。

注意：测试时按连续路径进行，以确保不会漏掉任何可能的泄漏。检测系统的所有部位是否有泄漏。

二、决策

每 6 人一组，每组选出一名负责人，负责进行本小组任务分配，组员按负责人要求完成相关任务内容，并将自己所在小组任务及个人任务内容填入任务决策表(表 2-2-3-1)中。

全组讨论：空调管路的组成、制冷剂流动路线、可能的部位。

表 2-2-3-1　任务决策表

序号	小组任务	个人职责(任务)	负责人
1	制冷剂不足的验证		
2	就车外观检查		
3	确认原车是否已加注荧光染色剂		
4	荧光染色剂注入		
5	连接荧光灯		
6	戴上滤光镜		
7	注意事项记录(安全监督)		
8	制订作业表记录		

三、计划

制订排除故障的计划(表 2-2-3-2)，根据实际情况，由易到难，以较少的操作完成排除故障任务。具体的计划由学生制订，经老师审核后可以实施(安全可控为原则)。

表 2-2-3-2　任务计划表

车型	2012 款科鲁兹	工作内容	汽车空调系统荧光检漏
序号	工作步骤		
1	(一) 汽车空调系统渗漏确认		
	确认空调系统渗漏		
	(二) 汽车空调系统中存在荧光剂确认		
			从气门芯处检查汽车空调系统是否已充注荧光剂，如原来空调系统中有荧光剂，直接到第四操作项(检漏)

（续）

车型	2012 款科鲁兹	工作内容	汽车空调系统荧光检漏
序号	工作步骤		
	（三）汽车空调荧光剂的充注		
1			使用注射枪，将荧光剂加入到空调低压管，或者加入到歧管压力表的低压管，之后从低压端补充加注少量制冷剂 注意：只能使用上海通用汽车公司许可的荧光染色剂
2			汽车空调系统运转 2h 以上
	（四）汽车空调渗漏荧光检测		
1			连接射灯
2			戴上滤光镜
3	没有照射时的状态	照射时显现漏点	查找漏点 注意：在空调系统运行的情况下进行检漏

四、实施

实践准备见表 2-2-3-3。

表 2-2-3-3　实践准备安排表

场地准备	工具	资料
6 人一个场地、对应数量的课桌椅、黑板一块、实训车辆 1 台等	(1) 世达 120 件套 (2) 车辆防护用品（内 5 件套、外 3 件套） (3) 荧光泄漏检测器 (4) 荧光染色剂清除剂	(1) 维修资料 (2) 荧光泄漏检测器使用说明书

（一）作业安全要求

（1）冷冻机油与制冷剂是完全溶解的，因此在排放制冷剂时要缓慢进行，以免冷冻机油与制冷剂一同放出。

（2）在充注制冷剂前，必须抽真空；在拆卸空调管或部件前，应先擦净接头外部；拆下空调系统部件后，应立即用塑料胶带等阻塞管口。

（3）空调系统中的各处接头不应拧得过紧，应按照规定的力矩拧紧，否则容易挤压到密封胶圈，造成系统泄漏。密封胶圈属于一次性使用零件，每次拆下必须更换。在拆卸空调管接头时，扳手应卡住两端面，防止空调管路扭转损坏。

（4）冷冻机油容易从空气中吸收水分，因此应将冷冻机油放在干净、无水分的容器中密封存储。

（二）按计划操作，填写实施计划表

实施计划表见表 2-2-3-4。

表 2-2-3-4　实施计划表

车型：2012 款科鲁兹		车身号码：	
步骤	操作内容	结果记录	结论
1			
2			
3			
4			
5			

五、检查评估

评价表见表 2-2-3-5。

表 2-2-3-5 评 价 表

姓名： 学号： 用时：

序号	项目	评分项目		评价标准	分值	学生自评	学生互评	教师评价
1	场地准备（5分）	按规定时间完成场地准备作业		未按时完成扣5分	5			
2	质量要求（70分）	工具准备	工具准备齐全	工具缺漏每次扣1分	2			
3		发动机舱检查	发动机舱盖正常开启	检查方法不对扣1分	1			
			发动机润滑油油位	检查方法不对扣1分	1			
			冷却液量	检查方法不对扣1分	1			
			蓄电池电解液量或指示器颜色	未正确检查扣1分	1			
			蓄电池端子松动、腐蚀情况	未正确检查每项扣1分	1			
			发动机舱盖支撑杆固定情况	未作检查扣1分	1			
4		车辆空调外观检查	空调压缩机(目测)	未作检查每次扣1分	1			
			发动机舱空调管路	检查不完整每次扣1分	1			
			冷凝器(目测)	未作检查每次扣1分	1			
			蒸发器排水口是否有油	未作检查每次扣1分	1			
5		决策与分工	各组员合理分工	分工不合理扣2分	2			
			记录决策过程(工作步骤)	记录不完整扣2分	2			
6		制订排除故障的计划	写出检漏步骤	未完成扣2分	8			
			写出检漏步骤的注意事项	未完成扣2分	8			
			计划表交给指导教师审核是否有安全问题	未交表扣6分	6			
7		检漏	加注荧光粉	操作不正确扣2分	2			
			空调系统运转(规定时间)	未运转扣2分	2			
			连接射灯	不正确扣2分	2			
			戴上荧光镜	不正确扣2分	2			
			查找漏点	检测方法不正确每次扣2分	8			
			记录各测试点的情况	记录不完整每次扣2分	8			
8		排除故障	向指导教师汇报故障点	未汇报扣2分	2			
			提出排除故障方法	不会排除故障方法扣2分	2			
			经指导教师同意后排除故障	不会排除故障扣2分	2			
			复检	未复检扣2分	2			

（续）

序号	项目	评分项目		评价标准	分值	学生自评	学生互评	教师评价
9	5S 情况（10 分）	工作着装	干净整洁，无配饰	未按工作要求着装扣 2 分	2			
			穿着工作鞋	未穿工作鞋扣 1 分	1			
10		作业中	工作台摆放	摆放无序扣 1 分	1			
			量具放置	随意摆放一次扣 1 分	1			
			工具车及工具及时复位	不及时复位扣 1 分	2			
11		车辆、零件及时清洁	场地清洁	清洁不到位扣 1 分	1			
			废弃物处理	不按要求处理废弃物扣 1 分	1			
			设备等清洁归位	未及时清洁设备及归位扣 1 分	1			
12	工作安全（10 分）	整体操作中	作业操作	操作姿势一次不正确扣 1 分，操作不规范扣 1 分	5			
			操作中人身损伤	出现人身损伤扣 5 分	5			
			重大安全事故	出现重大安全事故直接停止操作，总分计 0 分				
13	工作单填写情况（5 分）	工作单填写	整齐如实填写	未如实填写每次扣 1 分	3			
			作业前查看，作业后及时填写	作业前不查看工作单、作业后不及时填写每次扣 1 分	2			
本项目得分					100			
日期：								

六、知识链接

荧光检漏法存在一定的弊端：荧光检漏法必须将荧光检漏剂充入待检系统的制冷剂内，并共溶运行至少 2h 后才能使用专用照射灯侦检其漏源和漏点。如果泄漏较慢，建议车主使用一段时间，在空调再次出现制冷剂缺失现象时返厂检测漏点，若发现泄漏点，则须分解拆卸空调系统部件，那么原先试漏加在系统内的荧光剂和制冷剂又要被浪费掉一部分，会使物料浪费严重。另外，采用荧光检漏法检漏时，系统循环压力难以达到真实工况（高温高压）下运行的压力。根据维修人员的维修经验，有时系统的泄漏只有在较高压力下才会出现，所以在检漏时，往往会放过这些不明显的泄漏点。

项目三　汽车空调制冷剂量回收与充注

➤ 学习目标

1. 能够正确地使用汽车空调制冷剂鉴别仪进行制冷剂的纯度鉴别与净化处理操作。

2. 能够正确地使用空调制冷剂回收/再生/充注机进行制冷剂的回收与净化操作。

3. 正确地使用空调制冷剂回收/再生/充注机进行空调系统抽真空与冷冻机油的充注操作。

4. 正确地使用空调制冷剂回收/再生/充注机进行制冷剂的充注操作。

5. 能正确使用汽车空调诊断仪进行空调系统的综合性能检测操作。

6. 能够写出各操作过程和进行归纳总结。

➤ 学习内容

1. 汽车空调制冷剂的纯度与制冷效果的关系。

2. 汽车空调制冷剂鉴别仪的使用操作。

3. 汽车空调制冷剂回收/再生/充注机的使用操作。

4. 空调诊断仪的使用操作与汽车空调综合性能的检测操作。

5. 制订维修计划，填写项目单。

任务一　汽车空调制冷剂鉴别及纯度检测

一、资讯

（一）汽车空调制冷剂回收、净化、加注工艺规范

制冷剂回收、净化、加注工艺规范参见行业标准 JT/T 774— 2010《汽车空调制冷剂回收、净化、加注工艺规范》。

（二）回收作业流程及所需设备

空调制冷剂回收作业流程如图 2-3-1-1 所示。空调制冷剂回收设备如图 2-3-1-2 所示。

（三）空调制冷剂的鉴别仪

空调制冷剂鉴别仪如图 2-3-1-3 所示。过滤器不能有红点，若有红点，说明污染，必须进行更换。

二、决策

每 6 人一组，每组选出一名负责人，负责人进行小组任务分配，组员按负责人要求完成相关任务内容，并将自己所在小组任务及个人任务内容填入决策表(表 2-3-1-1)中。

表 2-3-1-1　任务决策表

序号	小组任务	个人职责(任务)	负责人

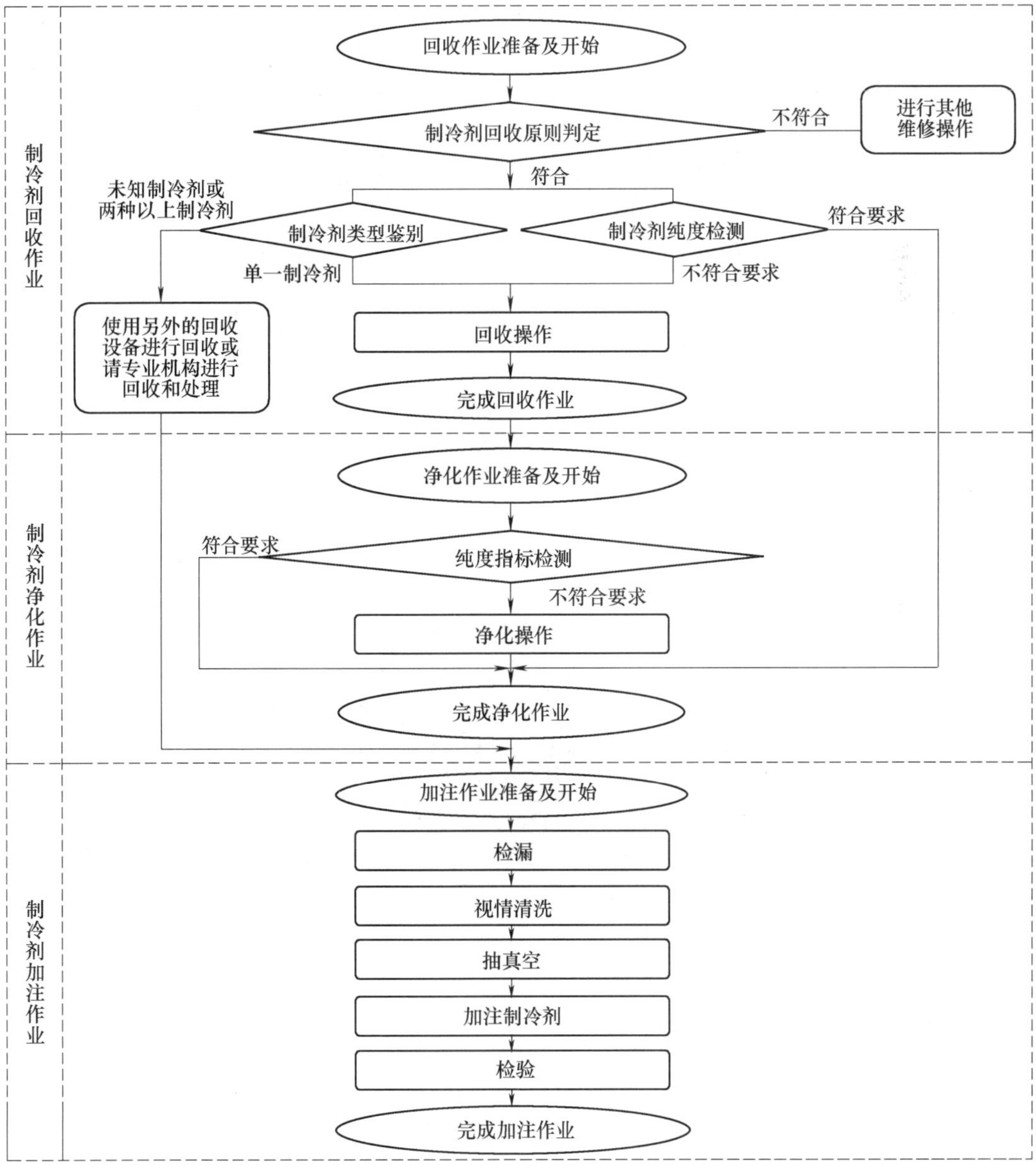

制冷剂回收作业

回收作业准备及开始

制冷剂回收原则判定

不符合

进行其他维修操作

符合

未知制冷剂或两种以上制冷剂

制冷剂类型鉴别

制冷剂纯度检测

符合要求

单一制冷剂

不符合要求

使用另外的回收设备进行回收或请专业机构进行回收和处理

回收操作

完成回收作业

制冷剂净化作业

净化作业准备及开始

符合要求

纯度指标检测

不符合要求

净化操作

完成净化作业

制冷剂加注作业

加注作业准备及开始

检漏

视情清洗

抽真空

加注制冷剂

检验

完成加注作业

图 2-3-1-1　回收作业流程图

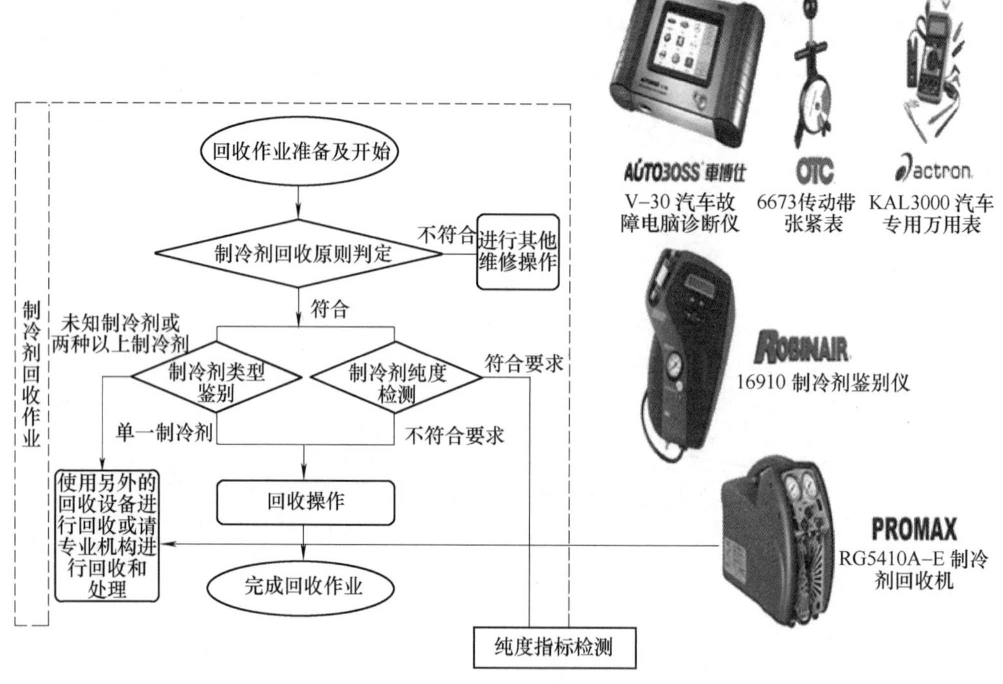

图 2-3-1-2 空调制冷剂回收设备

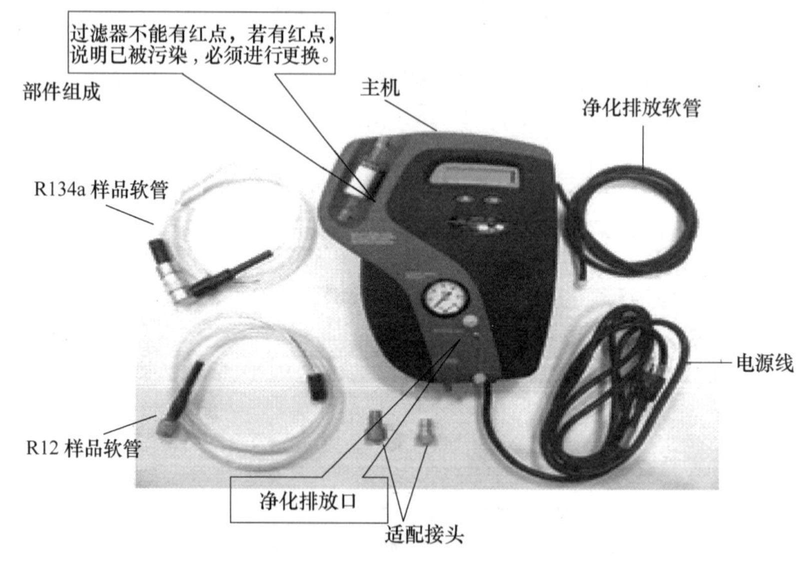

图 2-3-1-3 空调制冷剂鉴别仪

三、计划

根据任务内容制订任务计划，简要说明任务实施过程及注意事项，并填入表 2-3-1-2 中。

表 2-3-1-2　任务计划表

车型	2012 款科鲁兹	工作内容	汽车空调制冷剂鉴别及纯度检测
序号	工作步骤		
1	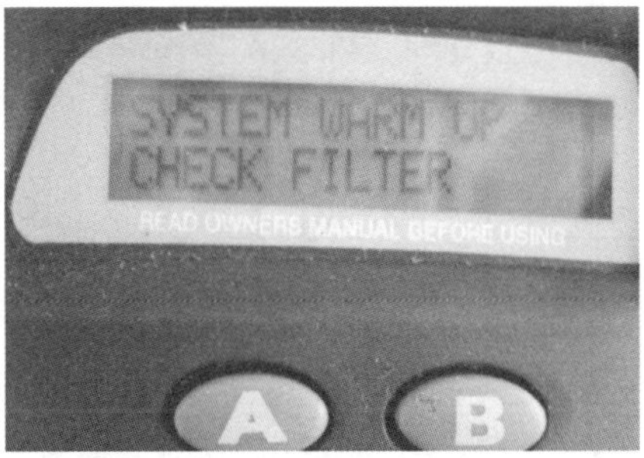		(1) 将仪器的电源线插入合适的电源插座。仪器的各项参数出现在显示屏上，仪器开始进行预热 (2)预热过程持续 90s。显示屏显示“SYSTEM WARMING-CHECK FILTER”(系统预热-检查过滤器)”，提醒用户检查仪器的采样过滤器 (3)在预热期间，可以打印在仪器起动之前最后一次运行的制冷剂鉴定的结果。如需打印之前的结果，将用户自购线缆和打印机连接到仪器的打印机端口上，然后按“A”按钮。随后，下载以前的鉴定结果到打印机上
2			海拔设定：在预热的过程中，按住 A、B 键直到显示屏出现“USAGE ELEVATION，400FEET”(出厂设置,海拔 400ft,相当于是 120m)
3	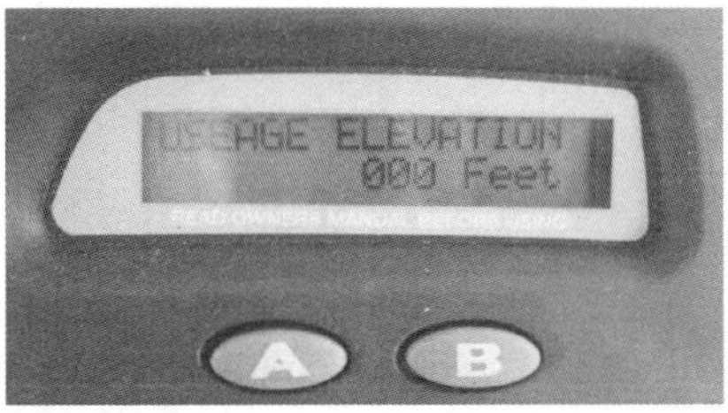		(1) 使用 A 键和 B 键，调节海拔： 每按一次 A 键，升高 100ft 每按一次 B 键，降低 100ft (2) 例如，南宁市的海拔为 72. 2m，设定完成后，静置 20s，自动切换到预热步骤
4			预热过程完成后，仪器进行自校准 环境空气会通过进气口被吸入，然后被送到检测装置进行校准。校准时间大约为 20s

（续）

车型	2012 款科鲁兹	工作内容	汽车空调制冷剂鉴别及纯度检测
序号	工作步骤		
5			校准完成后，仪器显示“READY：CON. HOSE，PRESS A TO START”（准备就绪：连接软管，按 A 开始）的信息，绿色 LED 指示灯闪烁
6			穿戴防护装置（护目镜及手套），将采样软管的使用端连接到待测制冷剂储存容器或车辆空调系统的低压侧或蒸气口
7			软管安装固定到位后，检查仪器压力表的读数在 5～25psi（1psi＝6.895kPa）范围内，但为确保正确运行，压力读数最好为 10 psi 以上
8			（1）按“A”键开始，制冷剂样品立即流向仪器 （2）分析制冷剂小样以测定 R12、R134a、R22、碳氢化合物和空气的浓度时，仪器显示“SAMPLING IN PROGRESS”（正在取样）信息
9			（1）分析完成后，仪器将自动显示 R12、R134a、R22、碳氢化合物 HC 和空气 AIR 的浓度百分比 （2）记录检验结果 （3）也可以按“A”打印结果，按“B”退出（没有空气），或按“B”继续进行净化功能（有空气） （4）穿戴防护装置，拆卸空调系统低压阀的采样软管接头 （5）清洁并收起汽车空调制冷剂鉴别及纯度检测仪

（续）

车型	2012 款科鲁兹	工作内容	汽车空调制冷剂鉴别及纯度检测
序号	工作步骤		
10	仪器显示分析结果如下： （1）PASS R134a：如果仪器检测到按质量分数计的 R134a 含量为 98% 以上，则绿色“PASS LED”（合格 LED 指示灯）点亮，通过检验，可以回收。并同时显示 R12、R134a、R22、碳氢化合物和空气的质量分数。显示屏然后提示用户按“A”打印，或按“B”继续 （2）制冷剂 FAIL：如果：R12 或 R134a 的质量分数未达到至少 98%（即 R12 或 R134a 的混合物，任一种纯度达不到 98%，混合物太多），则仪器会发出五次报警声。红色“FAIL LED”（不合格 LED 指示灯）点亮，同时还显示 R12、R134a、R22、碳氢化合物和空气的质量分数。请注意，仪器不会对受到污染的混合物执行净化程序。显示屏提示您按“A”打印，或按“B”继续 （3）FAIL CONTAMINATED：未知制冷剂，如 R22 或 HC 含量 4%或更多。不能显示含量 （4）NO REFRIGERANT-CHK HOSE CONN：空气含量达到 90%或更高。没有制冷剂		

四、实施

（1）实践准备见表 2-3-1-3。

表 2-3-1-3　实践准备安排表

场地准备	6 人用实习场地一块，对应数量的课桌椅，黑板一块
工量（备件）具准备	常用工具、量具
资料准备	教学课件、项目单；视频教学资料；网络教学资源；2013 款科鲁兹汽车维修手册一套
实践车辆预准备	（1）车辆停放举升机位，以便随时举升用 （2）打开发动机舱盖，做好发动机舱及车内的防护工作

（2）实施计划并完成表 2-3-1-4 的填写。

表 2-3-1-4　实施计划表

车型：		压缩机型号：	
步骤	操作步骤	操作者及使用工具	注意事项
1			
2			
3			

五、检查评估

评价表见表 2-3-1-5。

表 2-3-1-5 评 价 表

姓名： 学号： 用时：

序号	项目	评分项目		评价标准	分值	学生自评	学生互评	教师评价
1	场地准备（5分）	按规定时间完成场地准备作业		未按时完成扣5分	5			
2	质量要求（70分）	工具准备	工具准备齐全	工具缺漏每次扣1分	2			
3		发动机舱检查	发动机舱盖正常开启及支撑杆固定情况检查	检查方法不对扣1分	1			
			发动机舱油、液的渗漏检查	未检查或未发现扣1分	1			
			发动机润滑油液位	检查方法不对扣1分	1			
			冷却液量	检查方法不对扣1分	1			
			蓄电池电解液液量	未正确检查扣1分	1			
			检查蓄电池电压及蓄电池指示器	未进行检测或检查的扣2分	2			
			蓄电池端子松动、腐蚀等情况	未正确检查每项扣1分	1			
			检查冷凝器脏污情况及前围挡是否掀起	未检查或未处理扣1分	1			
			检查空调维修检测阀	未作检查扣2分	2			
		启动空调系统	降下车窗及打开车门	未降下车窗或未全部打开车门扣2分	2			
			正确检查汽车仪表	未检查汽车仪表状况的扣2分	2			
			正确起动发动机	未正确起动发动机的扣2分	2			
			检查发动机的运转情况	起动后未检查发动机运转状况的扣2分	2			
			正确设置及启动空调系统	不会操作启动空调或操作顺序有误，扣2分	2			
			检查空调系统的运转情况	未对空调系统进行运行检查的扣2分	2			
4		制冷剂鉴别仪的检查及预热	鉴别仪通电	未检查鉴别仪的电源电压扣3分	3			
			鉴别仪检查	未检查鉴别仪的过滤网的脏污情况扣3分	3			
			开机预热	不会操作起动预热鉴别仪或操作顺序有误，扣3分	3			

（续）

序号	项目	评分项目		评价标准	分值	学生自评	学生互评	教师评价
5	质量要求（70分）	海拔设定	查阅当地海拔	未能说出当地海拔值　扣3分	3			
			海拔转换	未能转换当地海拔值为英尺的扣3分	3			
			海拔设定	未正确设置海拔值扣4分	4			
6		制冷剂鉴别	关闭发动机进行鉴别	未关闭发动机直接进行鉴别扣8分	8			
			连接鉴别仪管路	未正确连接鉴别管路扣3分	3			
			调整鉴别压力	未正确调节压力扣3分	3			
			记录鉴别物的纯度	未正确记录制冷剂的纯度扣3分	3			
			记录其他鉴别物的纯度	未正确记录其他检测项的纯度扣3分	3			
7		制冷剂纯度检测	回收标准	未正确判断是否要回收扣3分	3			
			纯度标准与净化标准	未正确判断是否要净化扣3分	3			
8	5S情况（10分）	工作着装	干净整洁，无配饰	未按工作要求着装扣2分	2			
			穿着工作鞋	未穿工作鞋扣1分	1			
9		作业中	工作台摆放	摆放无序扣1分	1			
			量具放置	随意摆放一次扣1分	1			
			工具车及工具及时复位	不及时复位扣1分	2			
10		车辆、零件及时清洁	场地清洁	清洁不到位扣1分	1			
			废弃物处理	不按要求处理废弃物扣1分	1			
			清洁设备并归位	未及时清洁设备及归位扣1分	1			
11	工作安全（10分）	整体操作中	作业操作	操作姿势一次不正确扣1分，操作不规范扣1分	5			
			操作中有无人身损伤	出现人身损伤扣5分	5			
			重大安全事故	出现重大安全事故直接停止操作，总分计0分				

（续）

序号	项目	评分项目		评价标准	分值	学生自评	学生互评	教师评价
12	工作单填写情况（5 分）	工作单填写	整齐如实填写	未如实填写每次扣 1 分	3			
			作业前查看，作业后及时填写	作业前不查看工作单、作业后不及时填写每次扣 1 分	2			
本项目得分					100			
日期：								

六、知识链接

制冷剂鉴别的目的

如果制冷剂中混合有杂质，即制冷剂不纯，将会使空调系统制冷不正常，影响空调制冷效果。对于带有制冷剂回收功能的空调检测维修设备，如果回收的制冷剂纯度达不到所要求的标准，也将会污染制冷剂储存罐中纯净的制冷剂，造成再次添加的制冷剂纯度不合格，最终影响到空调系统的维修质量，降低了空调系统的一次修复率。因此在空调的维修作业中需要对相关的制冷剂进行纯度测试，确保维修中使用的是纯净的制冷剂。

被污染的制冷剂将会损坏空调系统，也会对制冷剂回收加注装置设备造成极大的损坏，增加这些设备的维修成本，因此在使用制冷剂回收和加注设备之前，用制冷剂鉴别仪提前检测制冷剂，可避免损坏制冷剂回收和加注设备。

总而言之，如果汽车空调系统的制冷剂不纯，因使用的环境和时间不同，最终引发的问题是：空调制冷系统泄漏；空调制冷系统的空调压缩机、冷凝器、干燥器、蒸发器等大的总成部件过早损坏；加大了汽车用户在车辆使用的维修成本。

任务二　汽车空调制冷剂回收及净化

一、资讯

（一）汽车空调 R12 或 R134a 制冷剂回收/再生/加注机 AC350C

制冷剂回收/再生/加注机如图 2-3-2-1 所示。

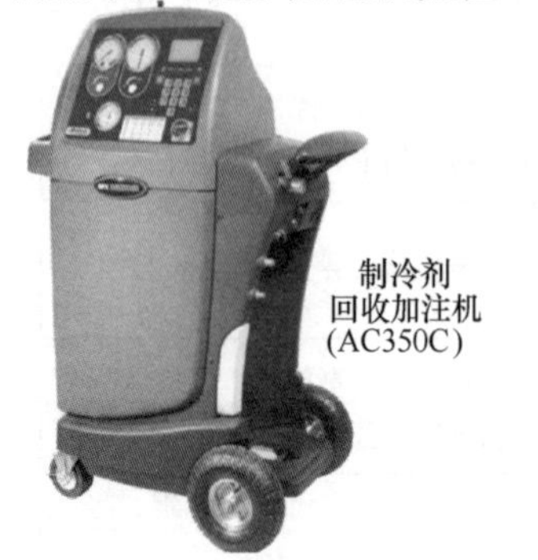

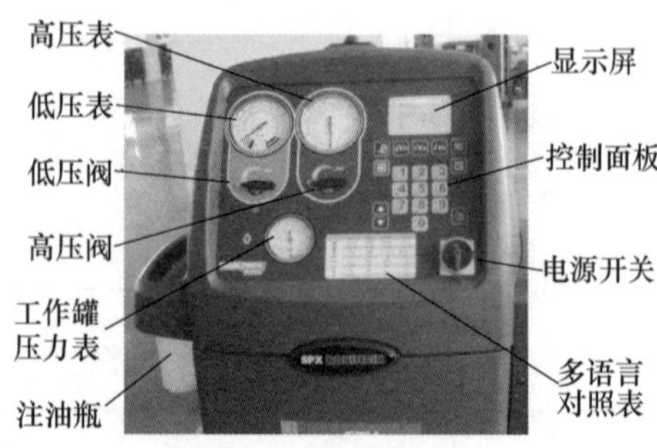

图 2-3-2-1　制冷剂回收/再生/加注机

1. 设备使用注意事项

1）在使用设备时请佩戴护眼罩。

2）不要向内置存储罐过多加注制冷剂。

3）不要向已经充注满的容器回收或加装制冷剂。

4）AC350C 是为对制冷剂 R134a 或 R12 进行回收、再生、加注而设计的。

2. 设备操控面板

设备操控面板如图 2-3-2-2 所示。

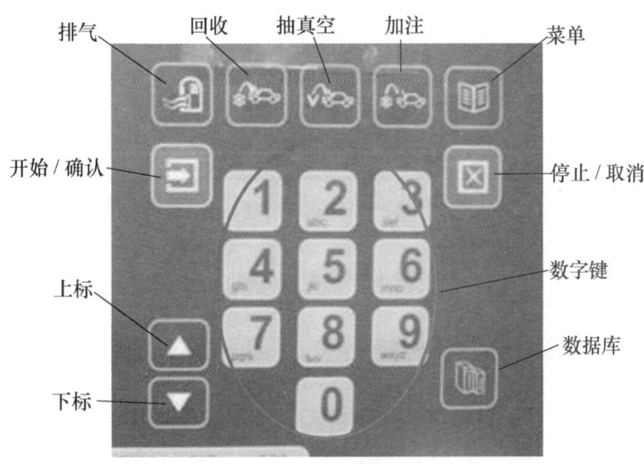

图 2-3-2-2　制冷剂回收/再生/加注机面板

（二）制冷剂是否需要回收的判断

在汽车维修和拆卸前，必须先判断是否需要回收汽车空调制冷剂。并不是所有汽车的维修或汽车空调的维修和拆卸都需要对制冷剂进行回收操作，只有在下列情况下必须对制冷剂进行回收：

1）在汽车维修过程中，必须拆卸汽车空调制冷系统（指制冷剂循环时所流经的零部件，如压缩机、高低压管道、阀件、冷凝器、蒸发器、过滤器、储液器等）时必须回收制冷剂。这种拆卸并不是由于空调制冷系统的故障引起的，只是由于维修空间不够而必须拆卸汽车空调制冷系统。

2）汽车空调制冷系统发生故障，需要通过拆换零部件或拆卸、维修零部件时必须进行制冷剂回收。这种故障属于空调制冷系统零部件故障，排除故障的过程中涉及拆卸制冷系统。

3）汽车空调制冷系统发生故障，制冷剂不足需要通过气密性试验查找漏点，而制冷系统内仍有部分制冷剂，在进行气密性试验前必须进行制冷剂回收。

二、决策

每 6 人一组，每组选出一名负责人，负责人进行小组任务分配，组员按负责人要求完成相关任务内容，并将自己所在小组任务及个人任务内容填入任务决策表（表 2-3-2-1）中。

表 2-3-2-1　任务决策表

序号	小组任务	个人职责(任务)	负责人

三、计划

根据任务内容制订任务计划，简要说明任务实施过程及注意事项，并填入表2-3-2-2中。

表 2-3-2-2　任务计划表

车型	2012 款科鲁兹	工作内容	汽车空调制冷剂回收及净化
序号	工作步骤		
（一）汽车空调制冷剂回收			
1			（1）电源插入合适的有地线的电源插座 （2）打开电源开关
2			将回收前的罐重数值记录在作业记录表中 注意：工作罐质量(制冷剂净重)不超过罐体标称质量的 80%
3			配戴好防护用品，对应把制冷剂回收、加注机 AC350 红蓝管接到汽车空调系统的高低侧压力维修阀口，并打开高低压开关 注意：顺时针拧开高低压开关时，速度应慢一些，防止冷冻机油被制冷剂带出
4			起动制冷装置运行 3～5min

（续）

序号	工作步骤	
5	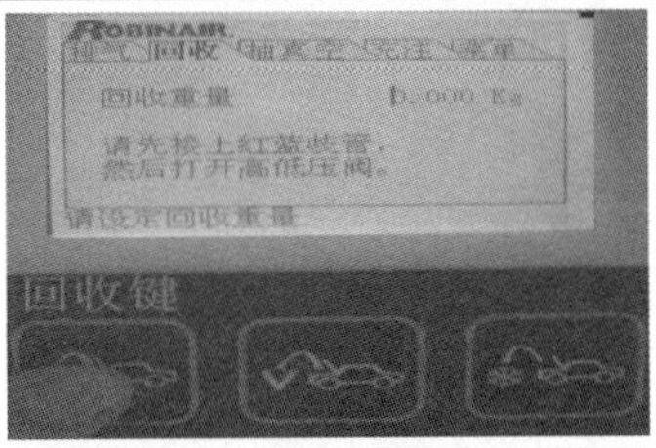	按“回收”键。进入回收程序
6	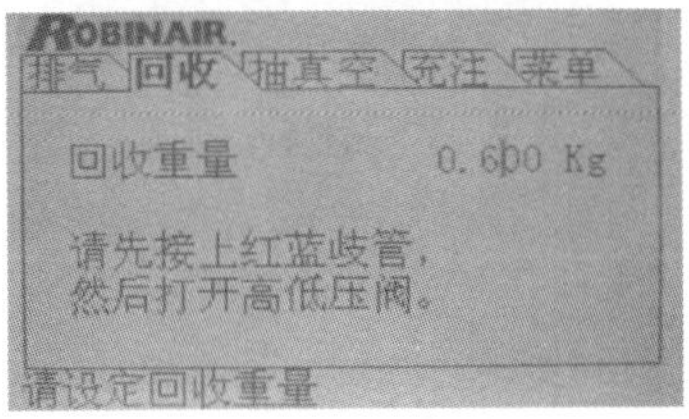	（1）根据提示连接（或检查）回收、回注机的红蓝管路，并打开高低压阀 （2）根据数据库数值设置回收量。也可直接回收，最后可通过压力表来判断回收是否完成
7	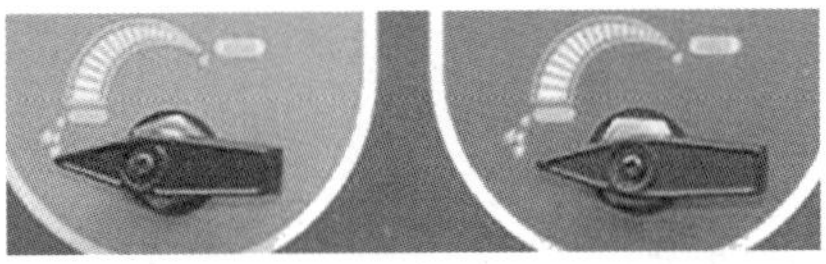	打开仪器上的高、低压阀，进行双管回收
8		设备自动进行自清洁，自清洁完成后会自行进行回收作业
9	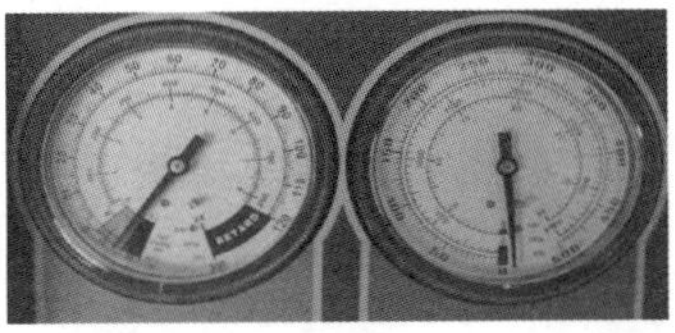	注意：在回收过程中，应不断地观察压力表指针，当压力到达负压时，压缩机在抽真空。应及时按“取消”键，停止回收，防止损坏回收机中的压缩机
10	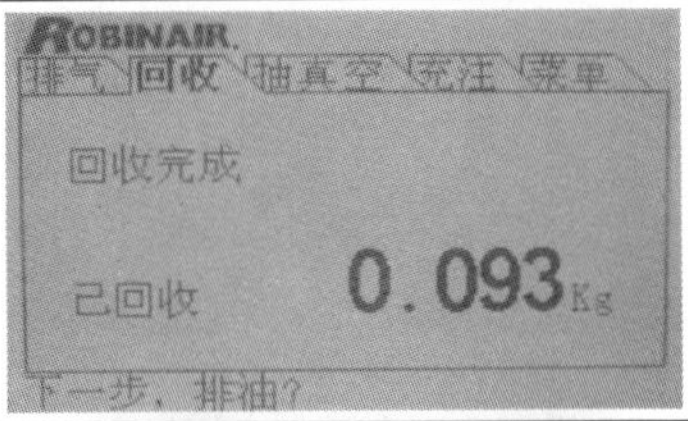	（1）回收结束后，显示回收的制冷剂量 （2）仪器询问准备进行排废油，需记录好排油瓶内的废油液面后才能按“确认”键
11	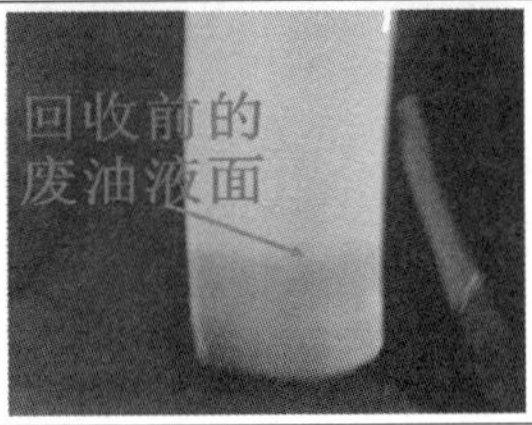	排油瓶表面有刻度，查看排油瓶内的废油液面并记录

（续）

序号	工作步骤	
12		设备正在排废油
13		（1）等待一段时间，废油无气泡后，查看并记录排油瓶液面 （2）计算排油量： 冷冻机油回收量＝回收后的液面－回收前的液面
14		（1）查看回收后工作罐质量并记录 （2）计算制冷剂回收量： 制冷剂回收量＝回收后的罐重－回收前的罐重（制冷剂净重）
（二）汽车空调制冷剂的净化		
1		单一制冷剂纯度低于96%，进行净化作业 单一制冷剂纯度不低于96%，不用净化
2		选择菜单键
3		按数字键输入“1234”密码。按“确认”键进入菜单
4		选择制冷剂自循环，按“确认”键进入菜单
5		（1）程序默认制冷剂自循环时间是：10min，如果不选择默认量，用户可以通过键盘输入制冷剂自循环时间 （2）当制冷剂自循环时间为设定值时，运行完后程序将自动停止制冷剂自循环功能 （3）按照屏幕上的提示操作，打开高低压阀

（续）

<table>
<tr><th>序号</th><th colspan="2">工作步骤</th></tr>
<tr><td>6</td><td>排气 回收 抽真空 充注 菜单
正在进行制冷剂自循环
已循环　X:XX
确认　取消</td><td rowspan="2">按“确认”键，屏幕显示有两种情况：
如果内部工作罐的制冷剂质量为 1~8kg，屏幕如上图所显示，否则，屏幕会如下图所显示</td></tr>
<tr><td>7</td><td>排气 回收 抽真空 充注 菜单
制冷剂重量不在安全范围内，
不能进行制冷剂自循环！
确认　取消</td></tr>
<tr><td>8</td><td colspan="2">制冷剂的处理：
对不能进行净化再利用的废制冷剂，应妥善回收存放，并集中由专门机构进行无害化处理</td></tr>
</table>

四、实施

（1）实践准备，见表 2-3-2-3。

表 2-3-2-3　实践准备安排表

场地准备	6 人用实习场地一块，对应数量的课桌椅，黑板一块
工量(备件)具准备	常用工具、量具
资料准备	教学课件、项目单；视频教学资料；网络教学资源；2013 款科鲁兹汽车维修手册一套
实践车辆预准备	（1）车辆停放举升机位，以便随时举升用 （2）打开发动机舱盖，做好发动机舱及车内的防护工作

（2）实施计划并完成表 2-3-2-4 的填写。

表 2-3-2-4　实施计划表

<table>
<tr><td colspan="2">车型：</td><td colspan="2">压缩机型号：</td></tr>
<tr><th>步骤</th><th>操作旋钮开关名称</th><th>功用</th><th>注意事项</th></tr>
<tr><td>1</td><td></td><td></td><td></td></tr>
<tr><td>2</td><td></td><td></td><td></td></tr>
<tr><td>3</td><td></td><td></td><td></td></tr>
<tr><td>4</td><td></td><td></td><td></td></tr>
</table>

五、检查评估

评价表见表 2-3-2-5。

表 2-3-2-5　评　价　表

姓名：			学号：		用时：			
序号	项目	评分项目		评价标准	分值	学生自评	学生互评	教师评价
1	场地准备（5分）	按规定时间完成场地准备作业		未按时完成扣5分	5			
2	质量要求（70分）	工具准备	工具准备齐全	工具缺漏每次扣1分	2			
3		发动机舱检查	发动机舱盖正常开启及支撑杆固定情况检查	检查方法不对扣1分	1			
			发动机舱油、液的渗漏检查	未检查或未发现扣1分	1			
			发动机润滑油液位	检查方法不对扣1分	1			
			冷却液量	检查方法不对扣1分	1			
			蓄电池电解液量	未正确检查扣1分	1			
			蓄电池电压及蓄电池指示器的检查	未进行检测或检查的扣2分	2			
			蓄电池端子松动、腐蚀等情况	未正确检查每项扣1分	1			
			检查冷凝器脏污及前围挡是否掀起	未检查或未处理扣1分	1			
			空调维修检测阀检查	未作检查扣2分	2			
4		制冷剂回收加注机的管路连接	管路检查	连接管路前未检查接口及手阀密封性扣2分	2			
			关闭手阀	未置手阀处于关闭状态扣2分	2			
			安全防护处理	管路未采取保护措施，致使管路接触运动部件及高温部件扣2分	2			
			排气操作	未进行排气扣1分	1			
			数据记录	未记录管路连接结果扣1分	1			
5		制冷剂回收	初始制冷剂量记录	未记录回收机的初始制冷剂量净重扣2分	2			
			初始排油量记录	未记录回收机的初始排油瓶油量扣2分	2			
			制冷剂回收机设置	未用双管路方式进行制冷剂回收作业扣4分	4			
			制冷剂回收	未完成制冷剂回收扣4分	4			
			制冷剂回收终了标准	空调系统压力未降至规定数值扣3分	3			
			记录最终制冷剂回收量	未记录工作罐中回收后的制冷剂量扣3分	3			
			计算实际制冷剂回收量	未正确计算实际回收量扣3分	3			
			冷冻机油的排放	未完成排油扣3分	3			
			记录排油后的排油瓶油量	未正确记录排油后的排油瓶油量扣4分	4			
			说明制冷剂回收标准	未正确说明回收标准扣3分	3			

（续）

序号	项目	评分项目		评价标准	分值	学生自评	学生互评	教师评价
5	质量要求（70 分）	制冷剂净化	制冷剂净化标准	未正确说明净化标准扣 3 分	3			
			制冷剂净化方式	未记录净化方式扣 3 分	3			
		管路清理	制冷剂净化操作	未说明净化操作步骤扣 4 分	4			
6			管路拆卸	未关闭回收加注机的快速接头阀门，直接拆下高、低压快速接头阀门扣 3 分	3			
			管路清理	未完成管路清理扣 2 分	2			
			阀口检漏	拆卸 AC350 接头后未进行阀口检漏扣 2 分	2			
			阀口清洁	卸下回收加注机的快速接头后未进行阀口清理（清洁）扣 1 分	1			
7	5S 情况（10 分）	工作着装	干净整洁，无配饰	未按工作要求着装扣 2 分	2			
			穿着工作鞋	未穿工作鞋扣 1 分	1			
8		作业中	工作台摆放	摆放无序扣 1 分	1			
			量具放置	随意摆放一次扣 1 分	1			
			工具车及工具及时复位	不及时复位扣 1 分	2			
9		车辆、零件及时清洁	场地清洁	清洁不到位扣 1 分	1			
			废弃物处理	不按要求处理废弃物扣 1 分	1			
			设备等清洁归位	未及时清洁设备及归位扣 1 分	1			
10	工作安全（10 分）	整体操作中	作业操作	操作姿势一次不正确扣 1 分，操作不规范扣 1 分	5			
			操作中人身损伤	出现人身损伤扣 5 分	5			
			重大安全事故	出现重大安全事故直接停止操作，总分计 0 分				
11	工作单填写情况（5 分）	工作单填写	整齐、如实填写	未如实填写每次扣 1 分	3			
			作业前查看，作业后及时填写	作业前不查看工作单、作业后不及时填写每次扣 1 分	2			
本项目得分					100			
日期：								

六、知识链接

汽车空调制冷剂回收原理

汽车空调制冷剂回收原理如图 2-3-2-3 所示。

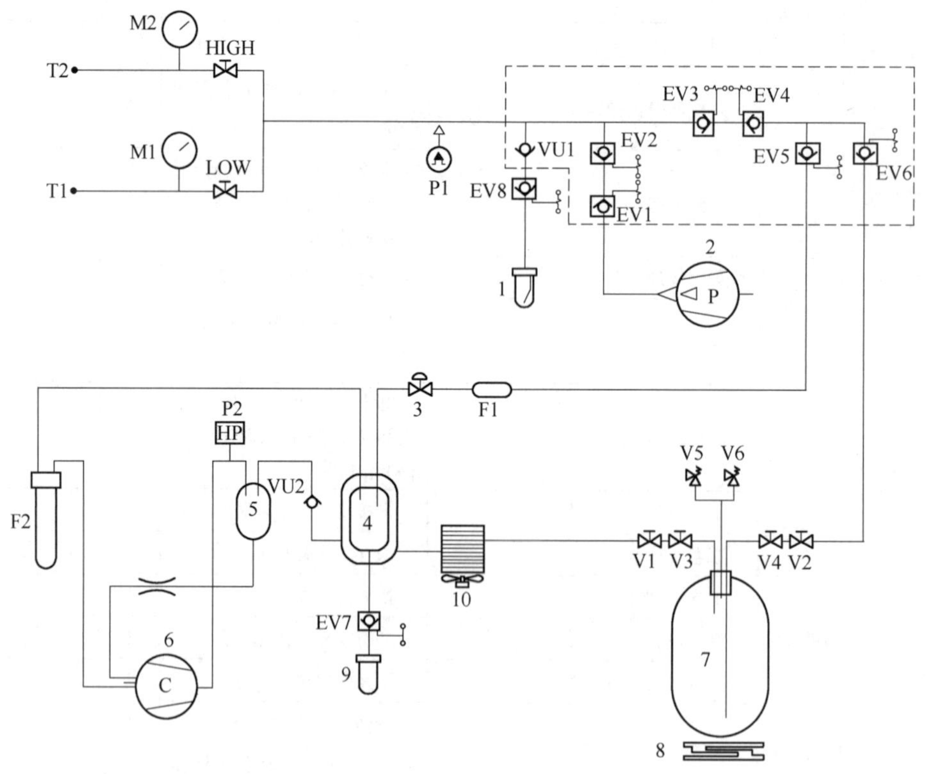

图 2-3-2-3　制冷剂回收原理图

将两根充注管 T1(低压)和 T2(高压)接到汽车空调系统的维修口上，系统的压力将立即到达 M2 高压歧管表、M1 低压歧管表和高、低压阀门。打开高、低压阀门，低温低压的气液混合制冷剂继续到达电磁阀 EV2、EV3 和压力传感器 P1。P1 传感器对空调系统的压力进行检测。按回收功能开始进行回收，此时，电磁阀 EV3、EV4 和 EV5 打开，压缩机 6 开始运转。制冷剂通过机械过滤器 F1 和膨胀阀 3 到达系统热交换器(系统油分离器)4，在此，制冷剂将继续汽化并吸收热量。机械过滤器 F1 用以除去制冷剂中的灰尘等颗粒物，而膨胀阀则将制冷剂减压到最合适于压缩机入口的工作压力(约 180kPa 表压)然后进入换热器(油分离器)将制冷剂中的冷冻机油分离出来，在此同时吸收了压缩机出口高温高压制冷剂放出的热量。制冷剂通过系统油分离器 4 再经过干燥过滤器 F2 去除水分和酸质后进入压缩机 6，经压缩机压缩后变成高温高压的气态制冷剂又进入压缩机油分离器 5 将制冷剂带走的压缩机油分离出来，这部分压缩机油可再流回压缩机。制冷剂流经压缩机油分离器时同时到达高压保护开关 P2，经过单向阀 VU2 再次进入系统热交换器(系统油分离器)4，在此，高温高压的气态制冷剂将热量交换给刚通过膨胀阀 3 进入热交换器(油分离器)的低温气液混合物，从而加快了这部分制冷剂汽化，同时也使自身放热，加之冷凝器 10 的冷却变为液态，最终进入工作罐 7。

任务三　汽车空调系统抽真空及冷冻机油、制冷剂量的充注

一、资讯

（一）加注作业流程及所需设备

空调加注设备如图 2-3-3-1 所示。

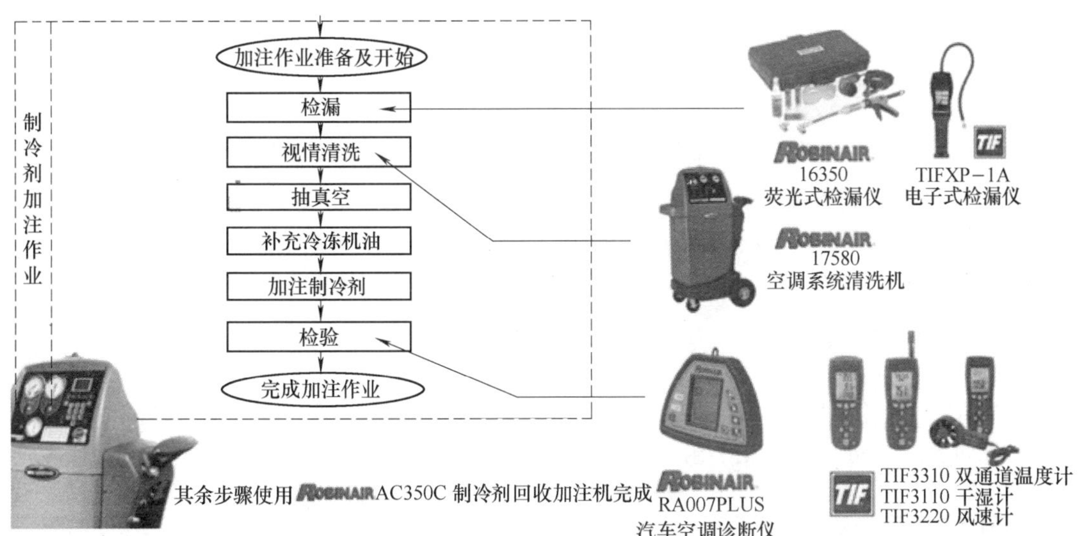

图 2-3-3-1　空调加注设备

（二）设备自检漏

自检功能：设备通过自检功能可以检测设备自身是否泄漏，如果在设定的保压时间内，压力变化小于设定的压力变化值，程序判定系统无泄漏，反之判断系统泄漏。

具体自检操作步骤如下：

（1）进入菜单，选择“2. 自检漏”功能，屏幕显示：请不要接红蓝歧管，然后打开高、低压阀。

（2）按照屏幕上的提示操作，打开高低压阀。

（3）按“开始/确认 ”键，设备将自动抽真空 2min。屏幕显示：抽真空 2min。

（4）抽真空 2min 完成后，屏幕显示：抽真空完成，保压 3min（默认检漏时间为 3min。用户也可自行设置检漏时间）。保压时，请观察高、低压表是否泄漏。

（5）保压过程中，按“开始/确认”键，可提前终止检漏功能，屏幕显示：保压完成。自检程序结束。

（三）抽真空步骤

（1）将歧管压力表中黄色（中间）软管的 90°弯头接到真空泵上，将蓝色（低压）软管的 90°弯头接到低压管路维修阀口上或压缩机低压维修阀上（标志为 S 或 SUC），将红色（高压）软管接头接到高压管路维修阀口上或压缩机高压维修阀上（标志为 D 或 DIS），如图 2-3-3-2 所示。

（2）打开歧管压力表，打开高、低压手动阀，起动真空泵。

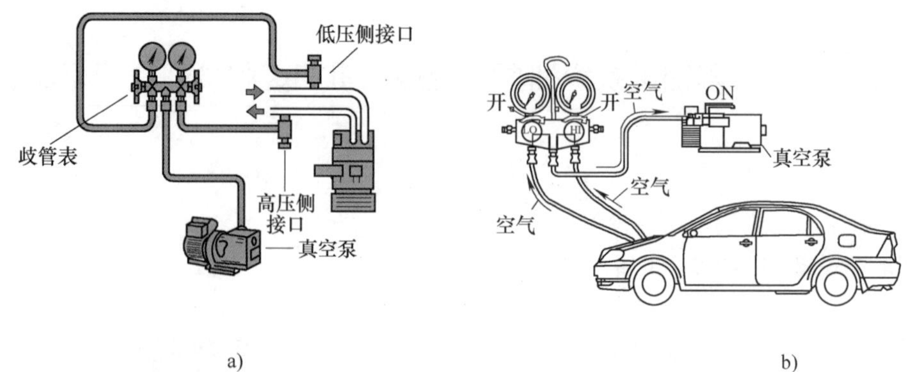

图 2-3-3-2　空调抽真空

a）抽真空时的管路连接　　b）抽真空

（3）抽真空到低压表的负压值高于 100kPa(750mmHg)。

（4）关闭高、低压手动阀，其低压侧表针在 10min 内不得有明显回升。若无，则可向系统内充注制冷剂；若有，就应向系统内充入少量制冷剂进行查找、检修泄漏点，并重新抽真空。

二、决策

每 6 人一组，每组选出一名负责人，负责人进行小组任务分配，组员按负责人要求完成相关任务内容，并将自己所在小组任务及个人任务内容填入任务决策表(表 2-3-3-1)中。

表 2-3-3-1　任务决策表

序号	小组任务	个人职责(任务)	负责人
1			
2			
3			
4			
5			

三、计划

根据任务内容制订任务计划，简要说明任务实施过程及注意事项，并填入表 2-3-3-2 中。

表 2-3-3-2　任务计划表

车型	2012 款科鲁兹	工作内容	汽车空调系统抽真空及冷冻机油、制冷剂量的充注
序号	工作步骤		
（一）汽车空调系统抽真空			
1	回收完空调系统的制冷剂，并维修好空调系统后，请参照以下步骤抽真空 抽真空分为两次或多次： （1）第一次抽真空，可在制冷剂回收完成并排油后按“确认”键，设定抽真空时间，进行双管抽真空 （2）第二次抽真空，是在注油后进行。需要关闭高压阀，打开低压阀，进行单管抽真空		

（续）

序号	工作步骤	
2		抽真空前的准备： （1）将设备的红、蓝色软管和汽车空调系统的高、低压接口连接 （2）在控制面板上，打开设备电源开关，打开红、蓝两个阀门 注意：将红色软管和系统高压端相连，蓝色软管和系统低压端相连
3	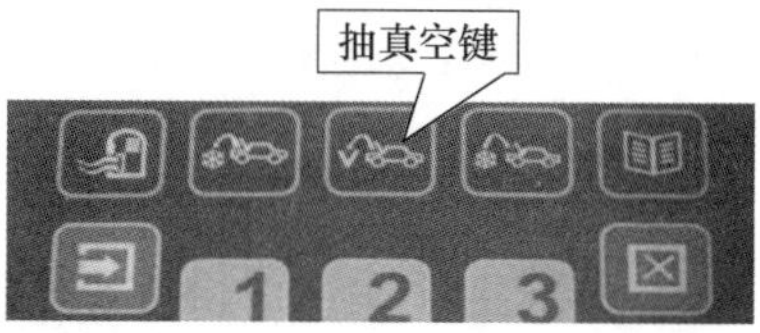	选择“抽真空”键
4	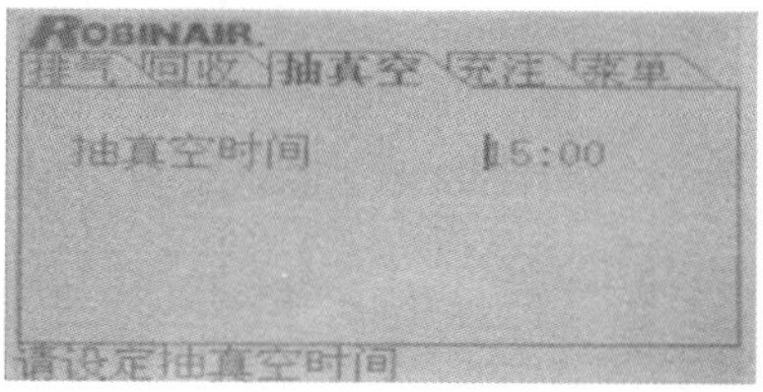	按数字键，设定抽真空时间
5	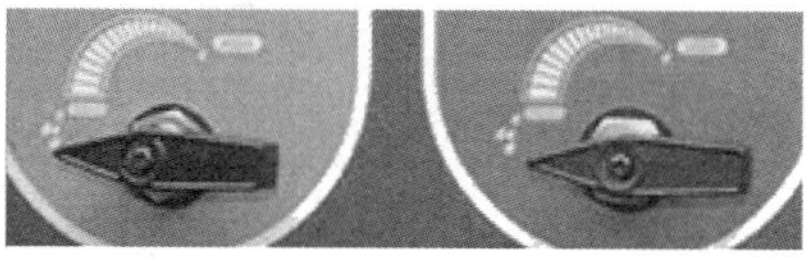	打开高低压阀
6	 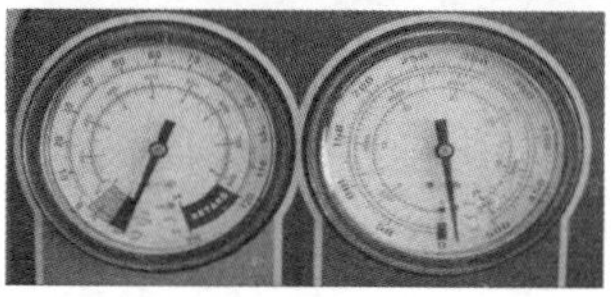	抽真空至系统真空度低于-90kPa
7	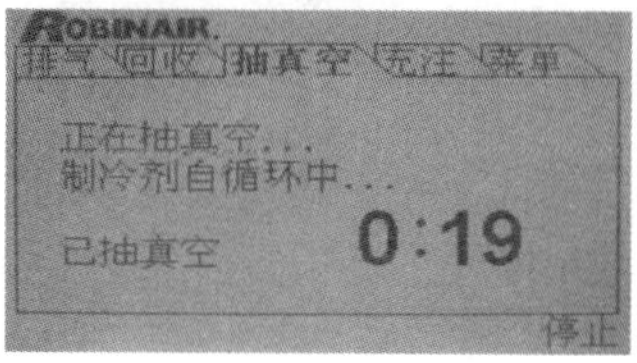	在抽真空时，仪器同时进行工作罐中制冷剂的净化

（续）

序号	工作步骤	
8		抽真空时间到，仪器自动停止真空泵
9		按“确认”键，仪器对系统进行保压泄漏检测 注意：观察高、低压表，表针有无回升
10		3min 保压完成后，观察压力表的变化是否泄漏，如果泄漏请查明泄漏原因并解决，如不泄漏，准备下一步加注冷冻机油
（二）汽车空调系统冷冻机油的加注		
1		（1）抽真空并保压 3min 完成后，若空调系统内部没有泄漏现象，准备下一步加注冷冻机油 （2）计算注油量：排出量+20mL （3）采用单管加注，打开高压阀，关闭低压阀防止冷冻机油进入压缩机
2		（1）加注时必须一直关注注油瓶，防止注油过多。为更精确，可多次按“确认”键暂停读数 （2）注油结束，按“取消”键，退回初始界面
3		注油结束，进行再次抽真空 （1）打开低压阀，关闭高压阀，进行单管抽真空 （2）抽真空达最大真空度后，按“确认”键，进行保压 （3）再次按“确认”键，结束保压。准备下一步的制冷剂充注
（三）汽车空调制冷剂的充注		

（续）

序号	工作步骤
1	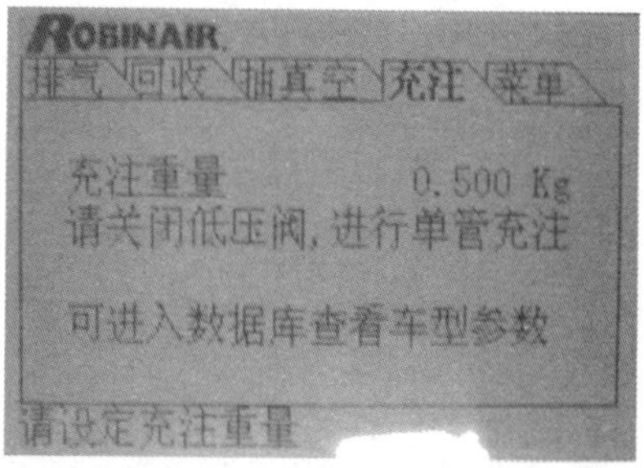 （1）在再次抽真空并保压结束后，按“取消”键，返回初始菜单界面 （2）按“充注”键，进入制冷剂充注界面 （3）计算充注量： 1）标准加注量：查阅维修手册、空调维护铭牌或加注机自带数据库相关信息中的标准加注量 2）实际加注量应为：加注量减去管路清理回收量(45g)
2	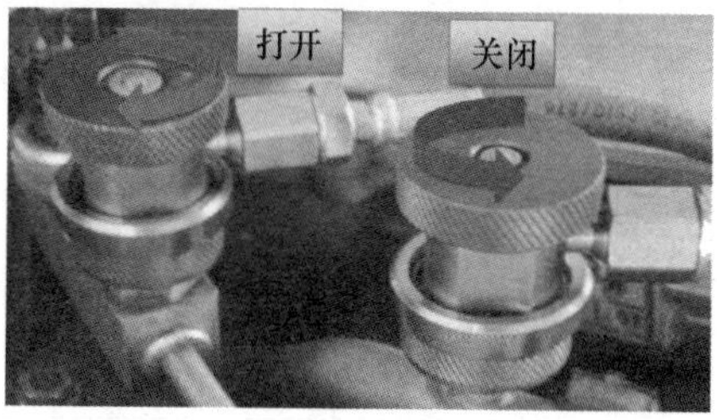 进行单管充注制冷剂，即关闭低压快速接头，打开高压阀
3	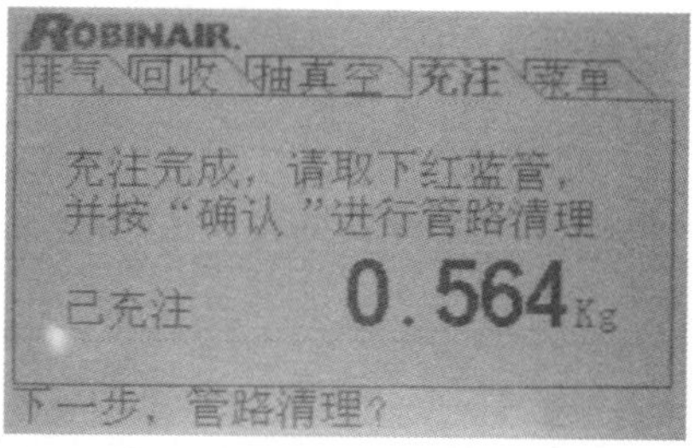 充注完成后，根据界面显示信息，关闭快速接头，取下红、蓝管，准备进行管路清理
4	 （1）进行管路清理2min，完成后按“确认”键退出 （2）关闭回收、充注机，拔下电源插头
5	在制冷剂充注完成后，等待2min以上才能起动发动机进行空调系统的检验

四、实施

（1）实践准备，见表2-3-3-3。

表 2-3-3-3 实践准备安排表

场地准备	6 人用实习场地一块，对应数量的课桌椅，黑板一块
工量(备件)具准备	常用工具、风速仪、温度计、湿度计
资料准备	教学课件、项目单；视频教学资料；网络教学资源；2012 款科鲁兹汽车维修手册一套
实践车辆预准备	（1）车辆停放举升机位，以便随时举升用 （2）打开发动机舱盖，做好发动机舱及车内的防护工作

（2）实施计划并完成表 2-3-3-4 的填写。

表 2-3-3-4 实施计划表

车型：2012 款科鲁兹		压缩机型号：			
步骤	发动机转速	风量旋钮位置	使用工具	数据	注意事项
1					
2					
3					
4					
5					
6					

五、检查评估

汽车空调系统抽真空及冷冻机油、制冷剂量的充注评价表见表 2-3-3-5。

表 2-3-3-5 评 价 表

<table>
<tr><td colspan="9">姓名：　　　　　　学号：　　　　　　用时：</td></tr>
<tr><th>序号</th><th>项目</th><th colspan="2">评分项目</th><th>评价标准</th><th>分值</th><th>学生自评</th><th>学生互评</th><th>教师评价</th></tr>
<tr><td>1</td><td>场地准备（5 分）</td><td colspan="2">按规定时间完成场地准备作业</td><td>未按时完成扣 5 分</td><td>5</td><td></td><td></td><td></td></tr>
<tr><td>2</td><td rowspan="11">质量要求（70 分）</td><td>工具准备</td><td>工具准备齐全</td><td>工具缺漏每次扣 1 分</td><td>2</td><td></td><td></td><td></td></tr>
<tr><td rowspan="10">3</td><td rowspan="10">发动机舱检查</td><td>发动机舱盖正常开启及支撑杆固定情况检查</td><td>检查方法不对扣 1 分</td><td>1</td><td></td><td></td><td></td></tr>
<tr><td>发动机舱油、液的渗漏检查</td><td>未检查或未发现扣 1 分</td><td>1</td><td></td><td></td><td></td></tr>
<tr><td>发动机润滑油液位</td><td>检查方法不对扣 1 分</td><td>1</td><td></td><td></td><td></td></tr>
<tr><td>冷却液量</td><td>检查方法不对扣 1 分</td><td>1</td><td></td><td></td><td></td></tr>
<tr><td>蓄电池电解液储量</td><td>未正确检查扣 1 分</td><td>1</td><td></td><td></td><td></td></tr>
<tr><td>蓄电池电压及蓄电池指示器的检查</td><td>未进行检测或检查的扣 2 分</td><td>2</td><td></td><td></td><td></td></tr>
<tr><td>蓄电池端子松动、腐蚀等情况</td><td>未正确检查每项扣 1 分</td><td>1</td><td></td><td></td><td></td></tr>
<tr><td>检查冷凝器脏污情况及前围挡是否掀起</td><td>未检查或未处理扣 1 分</td><td>1</td><td></td><td></td><td></td></tr>
<tr><td>检查空调维修检测阀</td><td>未作检查扣 2 分</td><td>2</td><td></td><td></td><td></td></tr>
</table>

（续）

序号	项目	评分项目		评价标准	分值	学生自评	学生互评	教师评价
4	质量要求（70分）	制冷剂回收加注机的管路连接	管路检查	连接管路前未检查接口及手阀密封性扣2分	2			
			关闭手阀	未置手阀处于关闭状态扣2分	2			
			安全防护处理	管路未采取保护措施，致使管路接触运动部件及高温部件扣2分	2			
			排气操作	未进行排气扣1分	1			
			数据记录	未记录管路连接结果扣1分	1			
5		空调系统初次抽真空	初次抽真空的时间设定	未设定正确抽真空时间扣2分	2			
			抽真空的阀门设置	未通过高、低压双管方式抽真空扣2分	2			
			抽真空	未完成抽真空3min扣2分	2			
6		空调系统加注冷冻机油	注油瓶油量测量记录	未正确记录注油瓶的初始油量，扣2分	2			
			手册查看注油量及计算注油量	未查阅相关维修资料及计算注油量扣2分	2			
			注油管路设置	未通过高压管单管路注油扣2分	2			
			注油	实际注油量不正确扣2分	2			
			最终油瓶的油量	未正确记录注油瓶的最终油量扣2分	2			
			实际注油量计算	未正确计算实际注油量扣2分	2			
7		再次抽真空及保压	再次抽真空时间设定	未设定抽真空时间扣2分	2			
			再次抽真空管路设置	未通过低压管方式抽真空扣2分	2			
			再抽真空	未完成抽真空5min扣2分	2			
			记录真空数据	未记录抽真空数据扣2分	1			
			保压	完成抽真空后未保压1min扣2分	2			
			记录保压后真空数据	未记录保压后的真空数据扣1分	1			
			判断保压后系统的密封性	未判断保压后系统的密封性扣2分	2			

（续）

序号	项目	评分项目		评价标准	分值	学生自评	学生互评	教师评价
8	质量要求（70分）	加注制冷剂	查阅制冷剂加注量	未查阅相关维修资料直接加注制冷剂 扣2分	2			
			制冷剂量的设定	未正确设定制冷剂加注量扣2分	2			
			制冷剂充注的管路设置	未通过单管高压管路方式进行加注扣2分	2			
			制冷剂充注	未完成制冷剂加注扣3分	3			
			记录制冷剂的实际加注量	未正确记录实际加注量扣2分	2			
9		充注完毕，管路清理	管路拆卸	未关闭回收加注机的快速接头阀门，直接拆下高、低压快速接头阀门扣3分	3			
			管路清理	未完成管路清理扣2分	2			
			阀口检漏	拆卸AC350接头后未进行阀口检漏扣2分	2			
			阀口清洁	卸下回收加注机的快速接头后未进行阀口清理（清洁）扣1分	1			
10	5S情况（10分）	工作着装	干净整洁，无配饰	未按工作要求着装扣2分	2			
			穿着工作鞋	未穿工作鞋扣1分	1			
11		作业中	工作台摆放	摆放无序扣1分	1			
			量具放置	随意摆放一次扣1分	1			
			工具车及工具及时复位	不及时复位扣1分	2			
12		车辆、零件及时清洁	场地清洁	清洁不到位扣1分	1			
			废弃物处理	不按要求处理废弃物扣1分	1			
			设备等清洁归位	未及时清洁设备及归位扣1分	1			
13	工作安全（10分）	整体操作中	作业操作	操作姿势一次不正确扣1分，操作不规范扣1分	5			
			操作中人身损伤	出现人身损伤扣5分	5			
			重大安全事故	出现重大安全事故直接停止操作，总分计0分				
14	工作单填写情况（5分）	工作单填写	整齐如实填写	未如实填写每次扣1分	3			
			作业前查看，作业后及时填写	作业前不查看工作单、作业后不及时填写每次扣1分	2			
本项目得分					100			

日期：

六、知识链接

（一）空调系统在加注制冷剂前要抽真空的原因及方法

空调系统在加注制冷剂前抽真空是为了清除系统中的空气及水分，并进一步检查系统在真空情况下的密封性，系统中若混有空气和水分会产生一系列不良后果：

1）由于空气绝热指数大于制冷剂的绝热指数，就导致压缩机排气温度高于制冷剂气体温度。

2）空气进入系统后，制冷剂冷凝压力也会升高。

3）由于空气存在，冷凝器传热管内表面上形成的气层，起了增加热阻的作用，降低了冷凝器的散热能力。

4）水在系统中与制冷剂作用产生酸性物质，从而腐蚀管道和设备。

5）水在系统中与制冷剂不相容，而会在膨胀阀节流孔处形成“冰堵”现象，所以必须将系统中空气及水分减少到最低限度，必须对系统抽真空（真空度为 98.7kPa，即 740mmHg），使水沸腾蒸发后排出。

（二）空调系统润滑油及其加注方法

1）不同的制冷剂配用不同的润滑油，CFC-12 采用矿物基润滑油，HFC-134a 采用聚烃基乙二醇（PAG）或聚酯类润滑油（POE）。两种润滑油不得混用，PAG 和 POE 润滑油比矿物基润滑油更易吸收空气中的水分（潮气），应严防润滑油与空气接触，注意用后容器立即密封。

2）根据压缩机油位确定润滑油加注量。

3）加注润滑油。当制冷剂的回收再循环过程之后，必须向压缩机添加与损耗量相同的润滑油，过量加注会降低制冷性能。润滑油的总数量，包括制冷系统各部件、管路，《车辆使用手册》均有分类、明确的规定。

a）元器件的更换后。在进行元器件的更换过程中，安装新元件时，检查元件制造商推荐的润滑油的加注量。通常可在汽车制造车间手册上可以查找到（图 2-3-3-3），例如：蒸发器 -40cm^3；储液罐 -25cm^3；冷凝器 -30cm^3；气液分离器 -40cm^3；蒸发器 -40cm^3；软管 -50cm^3；管路 -20cm^3。

b）压缩机（更换后）。将原来的压缩机内的润滑油排出并测量润滑油量。同时，将新压缩机内的润滑油排出，重新充注润滑油，油量为原来压缩机内的量。在此基础上，向新的压缩机内再充注 10cm^3 的量。

4）利用加注器加油。不用打开空调系统，也可以把润滑油通过加注器加注到系统中。

向加注器充入所需的油量。将空调系统抽到一定深度的真空。将润滑油加注器软管连接到低压侧加注口上，打开加注器阀门，经空调系统中产生的真空使润滑剂流入空调系统低压侧。

Receiver Drier.

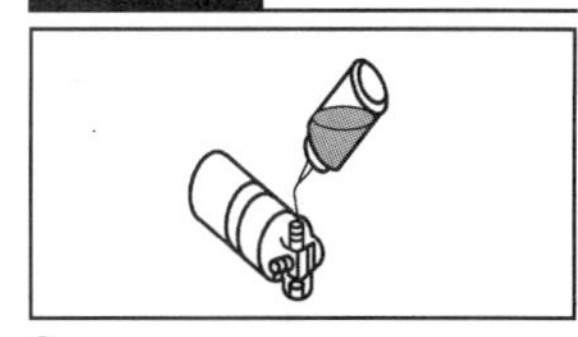

Compressor.

Hoses.

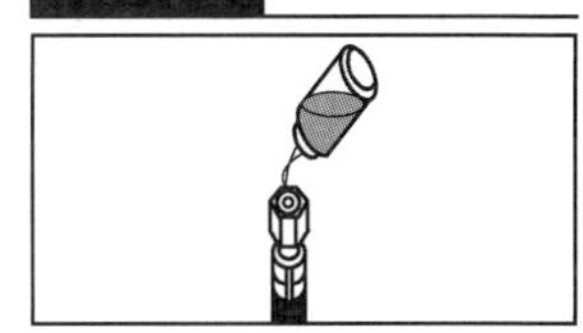

Condenser.

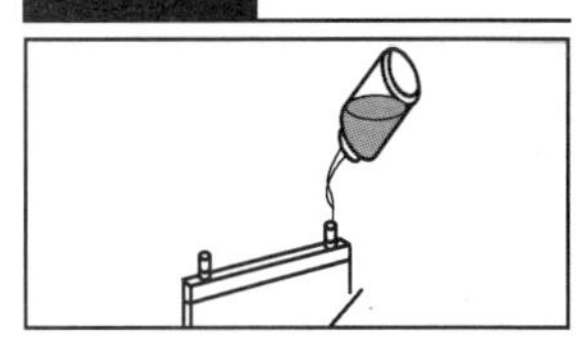

图 2-3-3-3　润滑油加注

（三）向系统内加注制冷剂的方法

在系统抽真空后，即可灌注制冷剂，一般采用下述两种方法。

1. 向系统注入液态制冷剂

1）将压力表黄色软管90°弯头从真空泵上接到倒置于磅秤上的制冷剂钢瓶接口上。

2）拧开钢瓶阀门，拧松压力表黄色软管螺母，直到有制冷剂气体外泄2~3s，然后拧紧螺母。

3）拧开压力表高压手动阀，向系统中加入液态制冷剂，直到规定量；若不能加注到规定量，可按方法2补充。

需注意的是加注液态制冷剂时，不可拧开低压手动阀（以防产生液击）；不能起动空调，以防制冷剂倒灌入钢瓶中产生危险。

2. 向系统中注入气态制冷剂

1）将压力表中黄色软管90°弯头从真空泵上接到正立于磅秤上的制冷剂钢瓶接口上。

2）拧开钢瓶阀门，拧松压力表黄色软管螺母，直到有制冷剂气体外泄2~3s，然后拧紧螺母。

3）拧开压力表低压手动阀，向系统中加入气态制冷剂。当系统压力高于250kPa时，关闭低压阀。

4）起动发动机，同时起动空调并置于最大制冷工况档。

5）再打开低压手动阀，让制冷剂吸入系统，直到规定量。

需注意的是补充制冷剂，可用压力表和视液镜观察法来确定制冷剂是否足量。

任务四　汽车空调系统充注竣工检验

一、资讯

汽车空调诊断仪（RA007PLUS）部件组成如图2-3-4-1所示。

二、决策

每6人一组，每组选出一名负责人，负责人进行小组任务分配，组员按负责人要求完成相关任务内容，并将自己所在小组任务及个人任务内容填入任务决策表（表2-3-4-1）中。

表2-3-4-1　任务决策表

序号	小组任务	个人职责（任务）	负责人
1			
2			
3			
4			
5			
6			

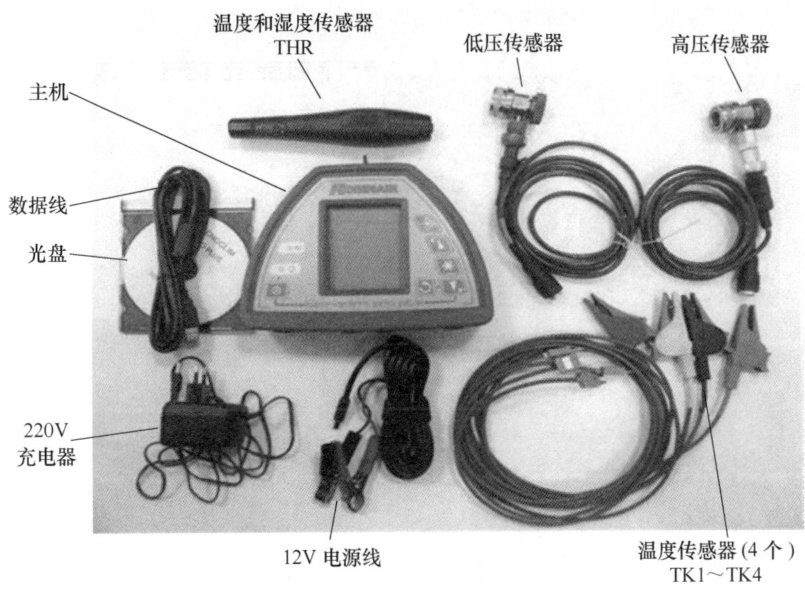

图 2-3-4-1 空调诊断仪部件组成

三、计划

根据任务内容制订任务计划，简要说明任务实施过程及注意事项，并填入表 2-3-4-2 中。

表 2-3-4-2 任务计划表

<table>
<tr><td>车型</td><td>2012 款科鲁兹</td><td>工作内容</td><td>汽车空调系统充注的竣工检验</td></tr>
<tr><td>序号</td><td colspan="3">工作步骤</td></tr>
<tr><td>1</td><td colspan="3">汽车空调系统的制冷剂充注完成后，请参照以下步骤进行充注竣工的检验
（1）在制冷装置工作状态下，用检漏设备检测加注阀处有无泄漏
（2）制冷装置高、低压侧压力及空调出风口温度检测应根据汽车制造厂商的要求进行。可参照以下方法：
1）车辆停放在阴凉处，将干湿球温度计放置在空调进风口位置
2）打开车窗、车门
3）打开发动机舱盖
4）打开所有空调出风口，调节到全开
5）设置空调控制器
① 外循环位置——强冷——风机转速最高(HI)——A/C 开
② 若是自动空调应设为手动，并将温度设定为最低值
6）将温度计探头放置在空调出风口内 50mm 处
7）起动发动机，将发动机转速控制在 1500~2000r/min，使压力表指针稳定
8）待温度计显示数值趋于稳定后，读取压力表和温度计的显示值，将所测得的高、低侧压力、相对湿度、空调进风温度、出风温度与汽车制造商提供的空调性能参数或图表上的参数比较，如压力表、温度计显示的高、低侧压力和空调出风温度不在规定的范围内，应对制冷装置做进一步的诊断和检修</td></tr>
</table>

（续）

序号	工作步骤	
2		车辆停放在室内阴凉处
3		打开发动机舱盖
4		打开所有门、窗
5	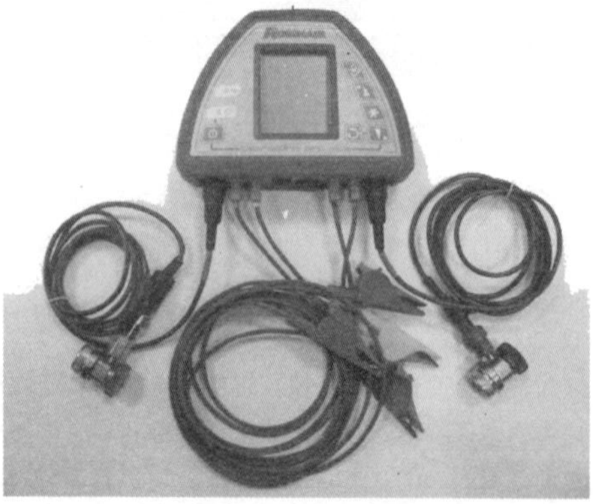	按线束的颜色与主机接口的颜色对应安装好各检测传感器

（续）

<table>
<tr><th>序号</th><th colspan="2">工作步骤</th></tr>
<tr><td>6</td><td>
<table>
<tr><td>项目</td><td>测量部位</td><td>测量元件</td><td>测量方式</td></tr>
<tr><td>低压侧制冷剂压力</td><td>低压维修阀门</td><td>低压传感器（蓝色）</td><td>有线</td></tr>
<tr><td>高压侧制冷剂压力</td><td>高压维修阀门</td><td>高压传感器（红色）</td><td>有线</td></tr>
<tr><td>冷凝器入口温度</td><td>冷凝器入口金属管路</td><td>TK1 传感器（红色）</td><td>有线</td></tr>
<tr><td>冷凝器出口温度</td><td>冷凝器出口金属管路</td><td>TK2 传感器（黄色）</td><td>有线</td></tr>
<tr><td>蒸发器入口温度</td><td>蒸发器入口金属管路</td><td>TK3 传感器（黑色）</td><td>有线</td></tr>
<tr><td>蒸发器出口温度</td><td>蒸发器出口金属管路</td><td>TK4 传感器（蓝色）</td><td>有线</td></tr>
<tr><td>环境温度和相对湿度</td><td>距车辆 2 米部位</td><td>THR 传感器</td><td>无线</td></tr>
<tr><td>出风口温度和相对湿度</td><td>中央出风口部位</td><td>THR 传感器</td><td>无线</td></tr>
<tr><td>制冷剂压力信号</td><td>制冷剂压力传感器的信号线</td><td>HP1000 电缆（选装）</td><td>有线</td></tr>
<tr><td>压缩机工作电压</td><td>压缩机控制线</td><td>CRCO PSA 电缆（选装）</td><td>有线</td></tr>
</table>
</td><td></td></tr>
<tr><td>7</td><td></td><td>如图把诊断仪各传感器正确接至空调各部位（连接两个压力传感器、4 个 TK 传感器）</td></tr>
<tr><td>8</td><td></td><td rowspan="2">开机：
（1）按住电源键，开机，显示主菜单
（2）使用光标键（上/左键；下/右键），选择菜单
（3）按“确认”键，进入相应菜单</td></tr>
<tr><td>9</td><td></td></tr>
<tr><td>10</td><td></td><td>进入设置菜单：
第一次使用设备时，需要对语言进行设置</td></tr>
</table>

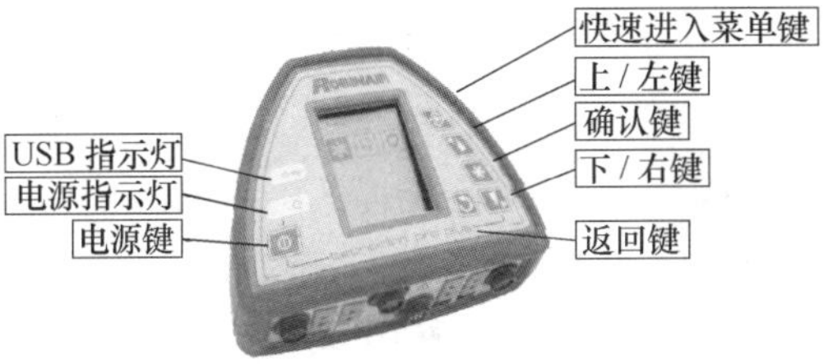

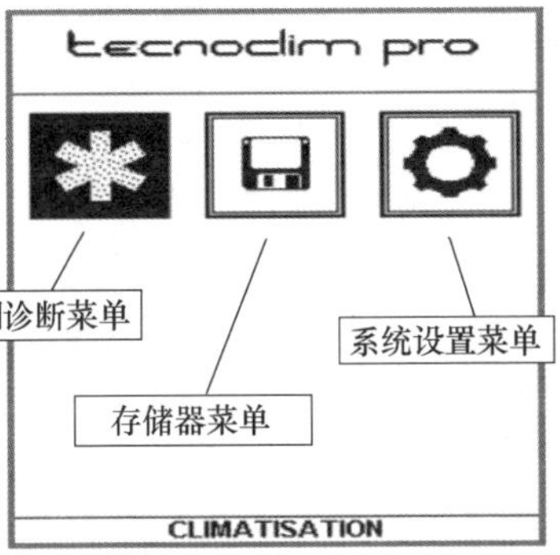

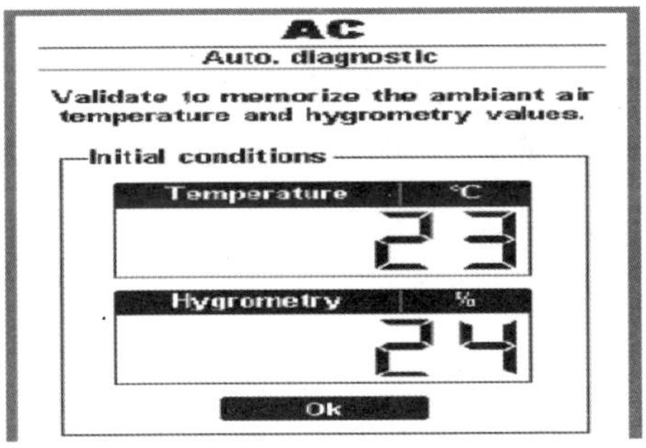

（续）

序号	工作步骤	
11	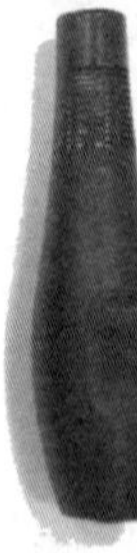	空调诊断菜单： （1）按“光标”键，选择空调诊断菜单 （2）按“确认”键，进入空调诊断菜单
12		按“光标”键和“确认”键，进入空调配置菜单： （1）维修接口阀门（两阀、低压阀或高压阀） （2）压力传感器类型（线性或机械） （3）空调压缩机类型（可变或定排量） （4）膨胀装置类型（膨胀阀或节流管）
13		（1）选择空调自动诊断模式 （2）将 THR 传感器放在车辆 2m 处 （3）按“确认”键（NEXT）
14	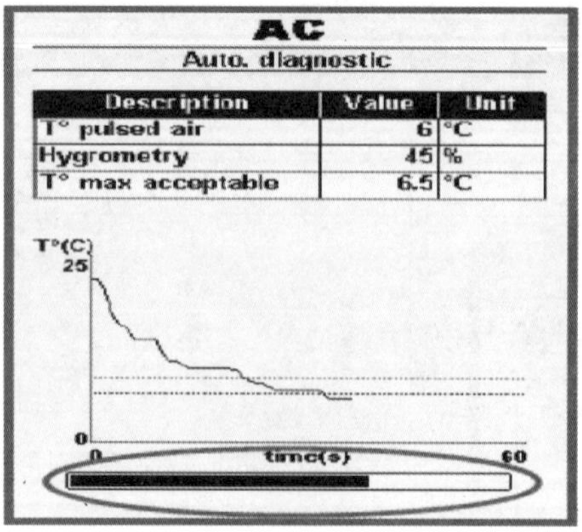	获取环境温度以及周围空气湿度值 按“确认（OK）”键之后，确定空调系统必须达到的效率的限度

（续）

序号	工作步骤	
15	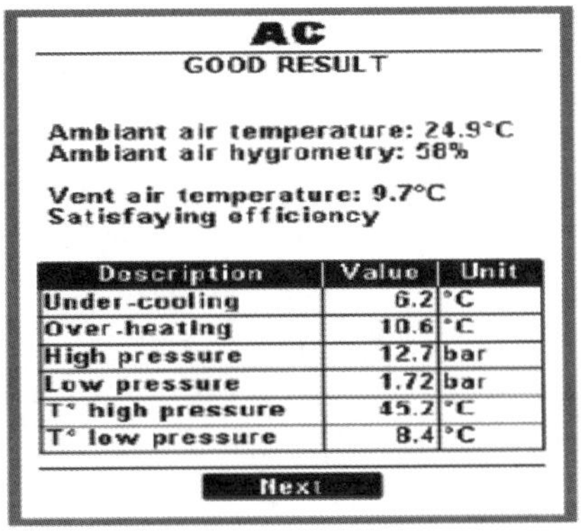 AC GOOD RESULT Ambiant air temperature: 24.9°C Ambiant air hygrometry: 58% Vent air temperature: 9.7°C Satisfaying efficiency Description / Value / Unit Under-cooling 6.2 °C Over-heating 10.6 °C High pressure 12.7 bar Low pressure 1.72 bar T° high pressure 45.7 °C T° low pressure 8.4 °C Next	将 THR 传感器放在左侧中央出风口处 测量出风口温度和相对湿度
16	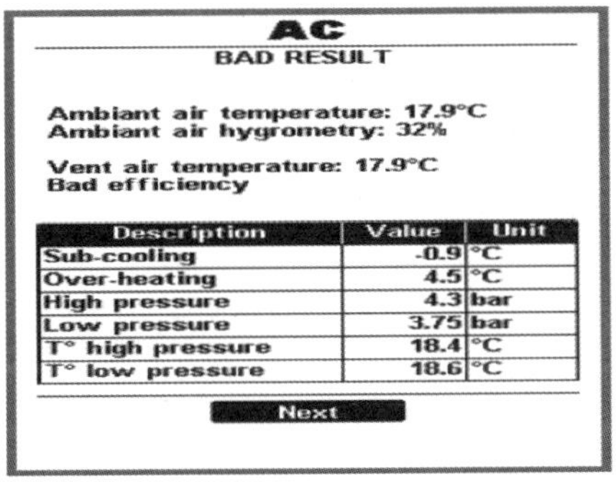 AC BAD RESULT Ambiant air temperature: 17.9°C Ambiant air hygrometry: 32% Vent air temperature: 17.9°C Bad efficiency Description / Value / Unit Sub-cooling -0.9 °C Over-heating 4.5 °C High pressure 4.3 bar Low pressure 3.75 bar T° high pressure 18.4 °C T° low pressure 18.6 °C Next	起动发动机，然后设置空调： （1）外循环 （2）迎面送风 （3）强冷 （4）最大风速 （5）A/C 制冷
17	Deutsch Español Français Back	让一位同学在驾驶室内保持发动机转速为1500~2000r/min，使空调加速制冷 然后按“确认(OK)”键进行自动测试
18	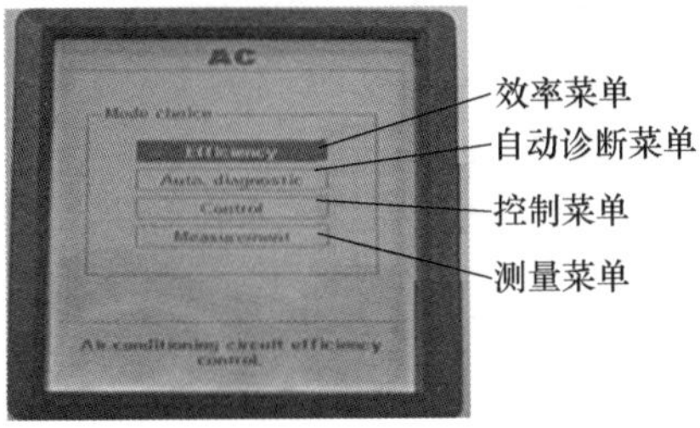 AC Mode choice Efficiency Auto. diagnostic Control Measurement Air-conditioning circuit efficiency control 效率菜单 自动诊断菜单 控制菜单 测量菜单	（1）按测试开始“确认(OK)”键后，在新获取阶段，只显示排气的温度和湿度测量值 （2）红圈内的滚动条表示测试的进度 注意：必须在整个测试过程中如先前所述的那样保持要求的开始条件

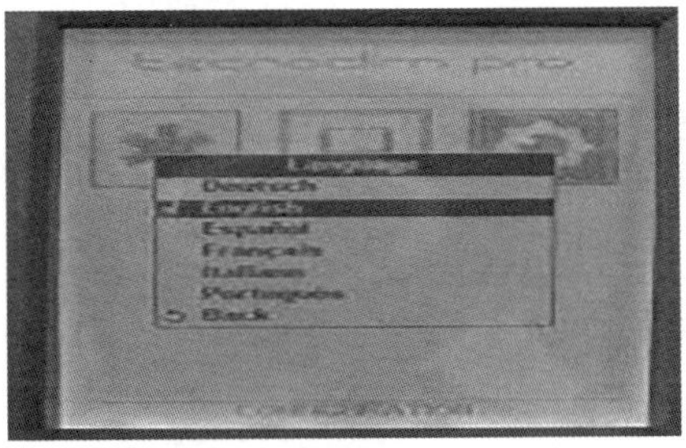

（续）

序号	工作步骤	
19	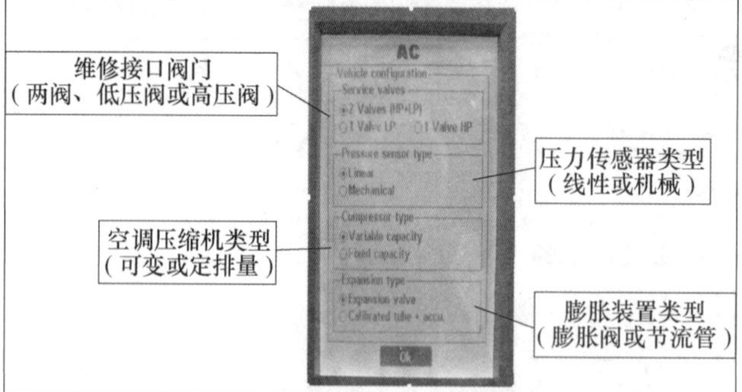 维修接口阀门（两阀、低压阀或高压阀） 压力传感器类型（线性或机械） 空调压缩机类型（可变或定排量） 膨胀装置类型（膨胀阀或节流管）	测试结束后：空调诊断仪自动显示测量得到的数据。 （1）结果良好 （2）周围空气温度：24.9°C （3）周围空气湿度：58% （4）排气温度：9.7°C （5）符合要求的效率 同时显示的还有初始条件，以及空调电路的效率，即排出气体达到的最低温度
	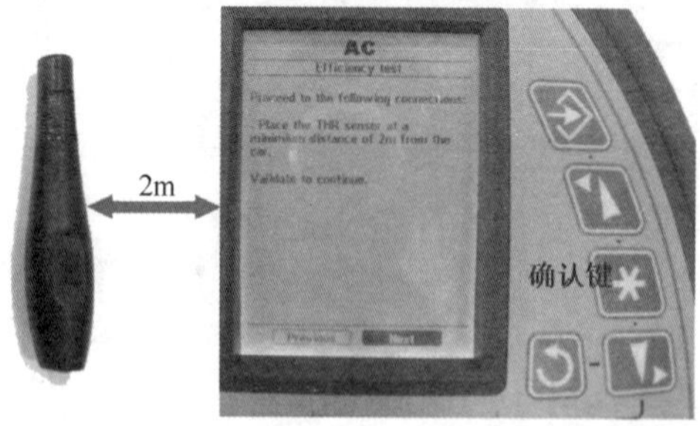 2m 确认键	结果不良 周围空气温度：17.9°C 周围空气湿度：32% 排气温度：17.9°C 效率不佳
20	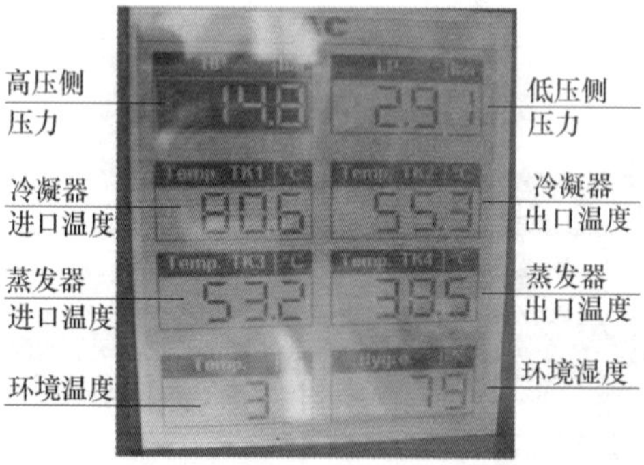 高压侧压力 低压侧压力 冷凝器进口温度 冷凝器出口温度 蒸发器进口温度 蒸发器出口温度 环境温度 环境湿度	待数值趋于稳定后，读取压力表和温度计的显示值，测得： 1）高侧压力 2）低侧压力 3）相对湿度 4）空调进风温度 5）出风口温度 与汽车制造商提供的空调性能参数或图表上的参数比较，如压力表、温度计显示的高、低侧压力和空调出风温度不在规定的范围内，应对制冷装置做进一步的诊断和检修
21	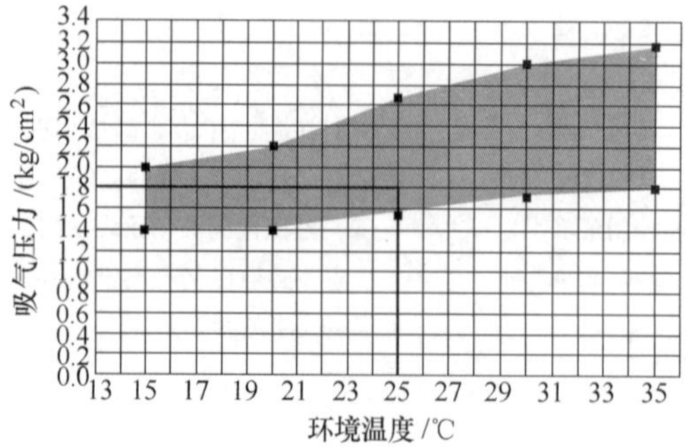 吸气压力 /(kg/cm²) 环境温度 /℃	把所测得的空调吸气压力与环境温度，根据吸气压力与周围环境温度图表进行标注

（续）

序号	工作步骤	
22	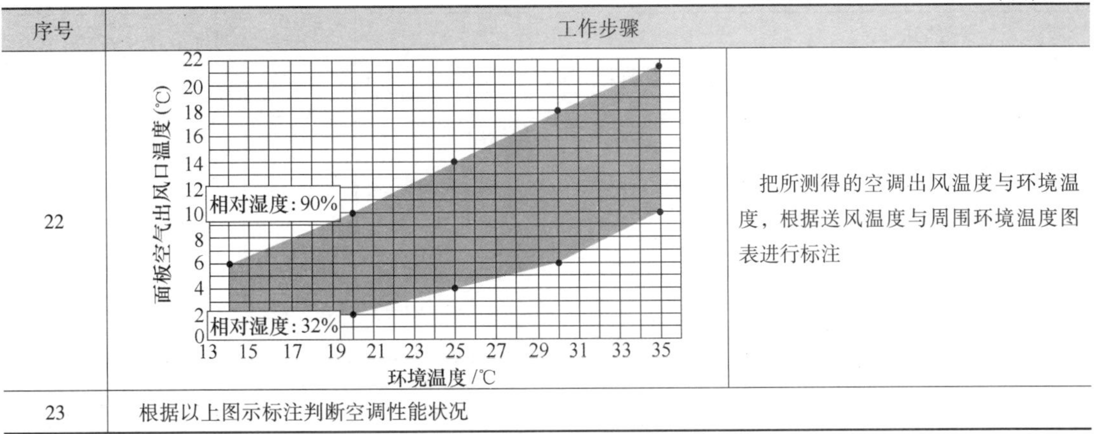	把所测得的空调出风温度与环境温度，根据送风温度与周围环境温度图表进行标注
23	根据以上图示标注判断空调性能状况	

四、实施

（1）实践准备，见表 2-3-4-3。

表 2-3-4-3　实践准备安排表

场地准备	6 人用实习场地一块，对应数量的课桌椅，黑板一块
工量（备件）具准备	常用工具、风速仪、温度计、湿度计
资料准备	教学课件、项目单；视频教学资料；网络教学资源；2012 款科鲁兹汽车维修手册一套
实践车辆预准备	（1）车辆停放举升机位，以便随时举升用 （2）打开发动机舱盖，做好发动机舱及车内的防护工作

（2）实施计划并完成表 2-3-4-4 的填写。

表 2-3-4-4　实施计划表

车型：		压缩机型号：			
步骤	发动机转速	风量旋钮位置	使用工具	数据	注意事项
1					
2					
3					
4					

五、检查评估

汽车空调系统充注的竣工检验评价表见表 2-3-4-5。

表 2-3-4-5 评 价 表

姓名： 学号： 用时：

序号	项目	评分项目		评价标准	分值	学生自评	学生互评	教师评价
1	场地准备（5 分）	按规定时间完成场地准备作业		未按时完成扣 5 分	5			
2	质量要求（70 分）	工具准备	工具准备齐全	工具缺漏每次扣 1 分	2			
3		发动机舱检查	检查发动机舱盖能否正常开启及支撑杆固定情况	方法不对扣 1 分	1			
			检查发动机舱油、液的渗漏	未检查或未发现扣 1 分	1			
			检查发动机润滑油液位	检查方法不对扣 1 分	1			
			检查冷却液量	检查方法不对扣 1 分	1			
			检查蓄电池电解液量	未正确检查扣 1 分	1			
			检查蓄电池电压及蓄电池指示器	未进行检测或检查的扣 2 分	2			
			检查蓄电池端子松动、腐蚀等情况	未正确检查每项扣 1 分	1			
			检查冷凝器有无脏污及前围挡是否掀起	未检查或未处理扣 1 分	1			
			检查空调维修检测阀	未作检查扣 2 分	2			
4		空调系统静置	空调制冷剂充注完毕后静置 2min	未静置或静置时间不足扣 2 分	2			
5		空调性能检验仪连接	正确连接汽车空调诊断仪	未正确连接扣 4 分	4			
			正确操作设置汽车空调诊断仪	未正确设置扣 4 分	4			
			检测线路安全防护处理	未进行防护处理或处理不当的扣 2 分	2			
6		起动空调系统	降下车窗及打开车门	未降下车窗或未全部打开车门扣 2 分	2			
			检查汽车仪表	未检查汽车仪表状况的扣 2 分	2			
			起动发动机	未正确起动发动机的扣 2 分	2			
			检查发动机的运转情况	起动后未检查发动机运转状况的扣 2 分	2			
			设置及起动空调系统	不会操作起动空调或操作顺序有误，扣 2 分	2			
			检查空调系统的运转情况	未对空调系统进行运行检查的扣 2 分	2			

（续）

序号	项目	评分项目		评价标准	分值	学生自评	学生互评	教师评价
7	质量要求（70分）	空调性能检测	安装出风口温、湿度传感器	未安装或安装不正确扣2分	2			
			保持发动机转速在2000r/min	未保持或保持转速不对扣2分	2			
			确认检测仪进行检测	未进行检测确认扣1分	1			
			空调性能检测	未使用自动检测进行测试扣2分	2			
8		检测数据记录	设置记录环境温度	未正确设置或记录扣2分	2			
			设置记录环境湿度	未正确设置或记录扣2分	2			
			记录低压侧压力	未正确记录扣2分	3			
			记录高压侧压力	未正确记录扣2分	3			
			记录出风温度	未正确记录扣2分	2			
			记录出风湿度	未正确记录扣2分	2			
9		制作检测操作表格	标注吸气压力与周围环境温度图表	未完成或标注错误扣4分	4			
			标注送风温度与周围环境温度图表	未完成或标注错误扣4分	4			
10		性能判断	对比标准数据与检测数据，做出判断	判断不正确每次扣2分	4			
11	5S情况（10分）	工作着装	干净整洁，无配饰	未按工作要求着装扣2分	2			
			穿着工作鞋	未穿工作鞋扣1分	1			
12		作业中	工作台摆放	摆放无序扣1分	1			
			量具放置	随意摆放一次扣1分	1			
			工具车及工具及时复位	不及时复位扣1分	2			
13		车辆、零件及时清洁	场地清洁	清洁不到位扣1分	1			
			废弃物处理	不按要求处理废弃物扣1分	1			
			设备等清洁归位	未及时清洁设备及归位扣1分	1			
14	工作安全（10分）	整体操作中	作业操作	操作姿势一次不正确扣1分，操作不规范扣1分	5			
			操作中有无人身损伤	出现人身损伤扣5分	5			
			有无重大安全事故	出现重大安全事故直接停止操作，总分计0分				
15	工作单填写情况（5分）	工作单填写	能否整齐、如实填写	未如实填写每次扣1分	3			
			作业前查看工作单，作业后及时填写工作单	作业前不查看工作单、作业后不及时填写每次扣1分	2			

（续）

序号	项目	评分项目	评价标准	分值	学生自评	学生互评	教师评价
本项目得分				100			
日期：							

六、知识链接

汽车空调诊断仪的主菜单结构图如图 2-3-4-2 所示。

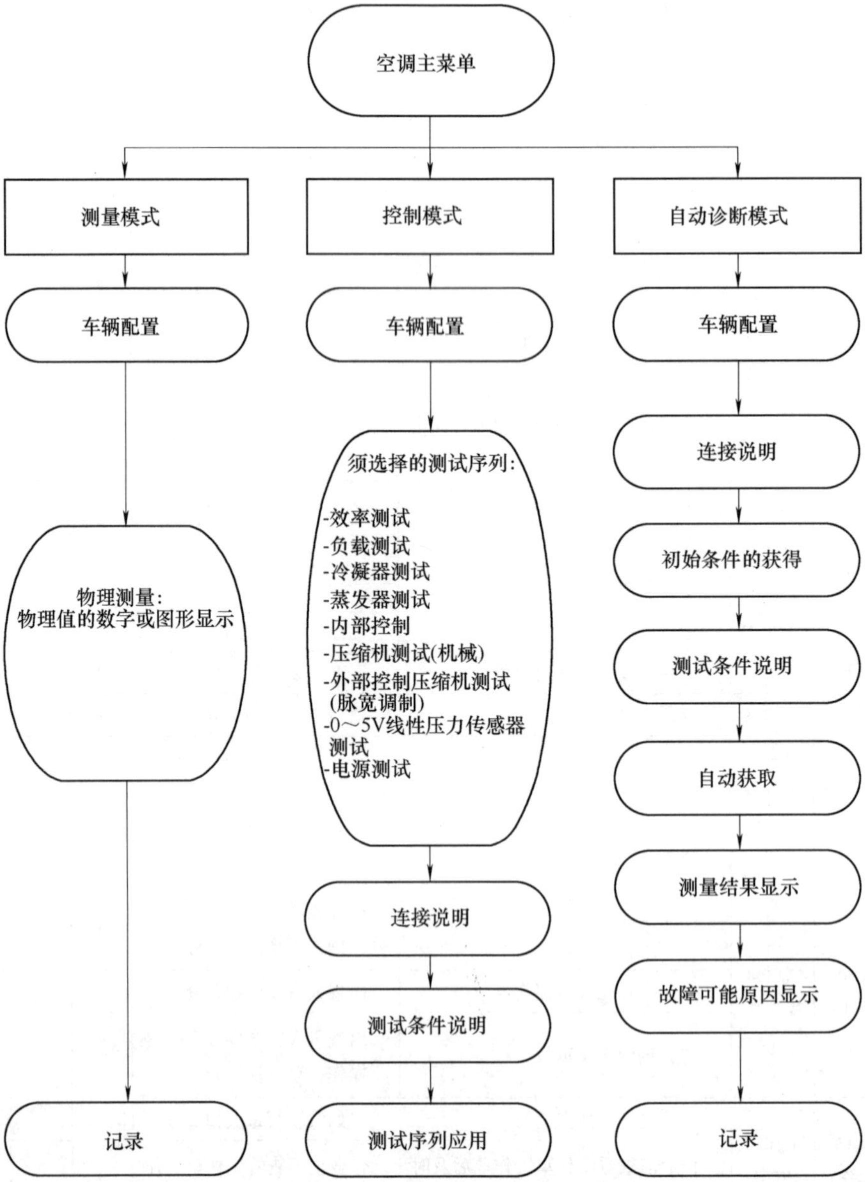

空调主菜单

测量模式
车辆配置
物理测量：
物理值的数字或图形显示
记录

控制模式
车辆配置
须选择的测试序列：
-效率测试
-负载测试
-冷凝器测试
-蒸发器测试
-内部控制
-压缩机测试(机械)
-外部控制压缩机测试(脉宽调制)
-0～5V线性压力传感器测试
-电源测试
连接说明
测试条件说明
测试序列应用

自动诊断模式
车辆配置
连接说明
初始条件的获得
测试条件说明
自动获取
测量结果显示
故障可能原因显示
记录

图 2-3-4-2　空调诊断仪主菜单结构图

3

情境三　汽车空调系统的综合故障诊断与排除

学习目标

➢ 知识目标：

通过查看资料，画出电路简图，画出控制逻辑因果图，制订排除故障流程图，制订排除故障分项目的操作细则，根据操作细则对车辆进行检测与排除故障，在任务完成后，进行检查评估。这样一个完整的排除故障过程，也是一个完整的掌握知识的过程，从学习知识、运用知识、解决问题这样的一个过程中，使学生理解汽车空调电控系统的组成及其工作原理，掌握汽车空调电控系统的故障诊断与排除的方法。

➢ 能力目标：

1. 会查原厂维修手册。
2. 能画电路简图、能画控制逻辑因果图。
3. 会制订排除故障流程图。
4. 会查看资料，能制订排除故障分项目的操作细则。
5. 能根据操作细则对车辆进行检测与故障排除。
6. 能熟练使用专用诊断仪。

➢ 素养目标：

1. 养成遵守操作规范，遵守劳动纪律和环保要求的习惯。
2. 具有较强的口头与书面表达能力和人际沟通能力。
3. 具有团队合作精神和协作精神。
4. 具有良好的心理素质和克服困难的能力。
5. 能与客户建立良好、持久的关系。

3

情境导入

车型： 2012年科鲁兹汽车。

故障现象：

罗先生开一辆2012年款科鲁兹汽车从南宁向柳州方向行驶，行驶30min后突然空调不制冷。

故障原因：

按照电路图检查相关电路，故障原因可能有以下几种：①压缩机控制电路故障。②鼓风电动机控制电路故障。③冷凝器风扇控制电路故障。④空调开关与传感器电路故障。⑤空调执行器控制电路故障。

那么应该怎么检测排除呢？

项目　汽车手动空调控制电路故障诊断

➢ 学习目标

1. 看懂汽车手动空调电路图，会查看原厂维修资料。

2. 能够分析汽车手动空调的电路图。

3. 能够画出控制逻辑因果图，能制订排除故障流程图，制订排除故障分项目的操作细则。

➢ 学习内容

1. 汽车手动空调电控系统的构造与维修。

2. 原厂维修资料中手动空调电控系统的检修流程。

3. 制订手动空调电控系统具体故障的检修方案。

4. 根据排除故障分项目操作细则对手动空调电控系统进行检测与故障排除。

任务一　汽车手动空调压缩机控制电路故障诊断

一、资讯

（一）蒸发器温度传感器

蒸发器温度传感器为负温度系数的热敏电阻。传感器依靠信号和低电平参考电压电路进行工作。当传感器周围的空气温度升高时，传感器电阻降低。传感器信号电压随电阻值下降而下降。传感器在-40～+85℃(-40～+185°F)的温度范围内工作。传感器信号在0～5V之间变动。

（二）空调制冷剂压力传感器

发动机控制模块(ECM)通过空调制冷剂压力传感器来监测高压侧制冷剂压力。发动机控制模块向传感器提供5V参考电压和低电平参考电压。空调制冷剂压力的变化将使传送至发动机控制模块的传感器信号发生变化。当压力变高时，信号电压变高。当压力变低时，信号电压变低。当压力变高时，发动机控制模块指令使得冷却风扇接通。当压力过高或过低时，发动机控制模块将不允许空调压缩机运行。

（三）空调压缩机离合器工作条件

1. 开关操作

按下空调开关时，暖风、通风与空调系统控制模块通过CAN总线将空调请求的信息发送到发动机控制模块(ECM)。发动机控制模块向空调压缩机离合器继电器控制电路提供搭铁，以切换空调压缩机离合器继电器的状态。继电器触点闭合后，向空调压缩机离合器提供蓄电池电压，空调压缩机离合器将被起动。

2. 必要条件

起动空调压缩机离合器必须满足以下条件：

（1）蓄电池电压为9~18V。

（2）发动机冷却液温度低于124°C(255°F)。

（3）发动机转速高于600r/min。

（4）发动机转速低于5 500r/min。

（5）空调高压侧压力在269~2 929kPa(39~4 251bf/in^2)。

（6）节气门位置小于100%。

（7）蒸发器温度高于3°C(38°F)。

（8）发动机控制模块没有检测到转矩负载过大。

（9）发动机控制模块没有检测到怠速质量不良。

（10）环境温度高于1°C(34°F)。

（四）手动空调压缩机控制电路图

手动空调压缩机控制电路如图3-1-1-1所示。

二、决策

每6人一组，每组选出一名负责人，负责进行本小组任务分配，组员按负责人要求完成相关任务内容，并将自己所在小组任务及个人任务内容填入任务决策表(表3-1-1-1)中。

表3-1-1-1　任务决策表(培养组织能力)

序号	小组任务	个人职责(任务)	负责人

查看相关电路图，画出压缩机控制因果图(图3-1-1-2)。如：蓄电池电压为9~18V。

查找原厂维修手册，找出各诊断信息的主要内容及其所在的页码(表3-1-1-2)。

表3-1-1-2　资料记录表

信息	页码
电路图	
故障诊断信息：	
1. DTC	
2.	
3.	

三、计划

制订排除故障的计划，根据实际情况，由易到难，以较少的操作完成排除故障任务。具体的计划由学生制订，经老师审核后可以实施(安全可控为原则)。

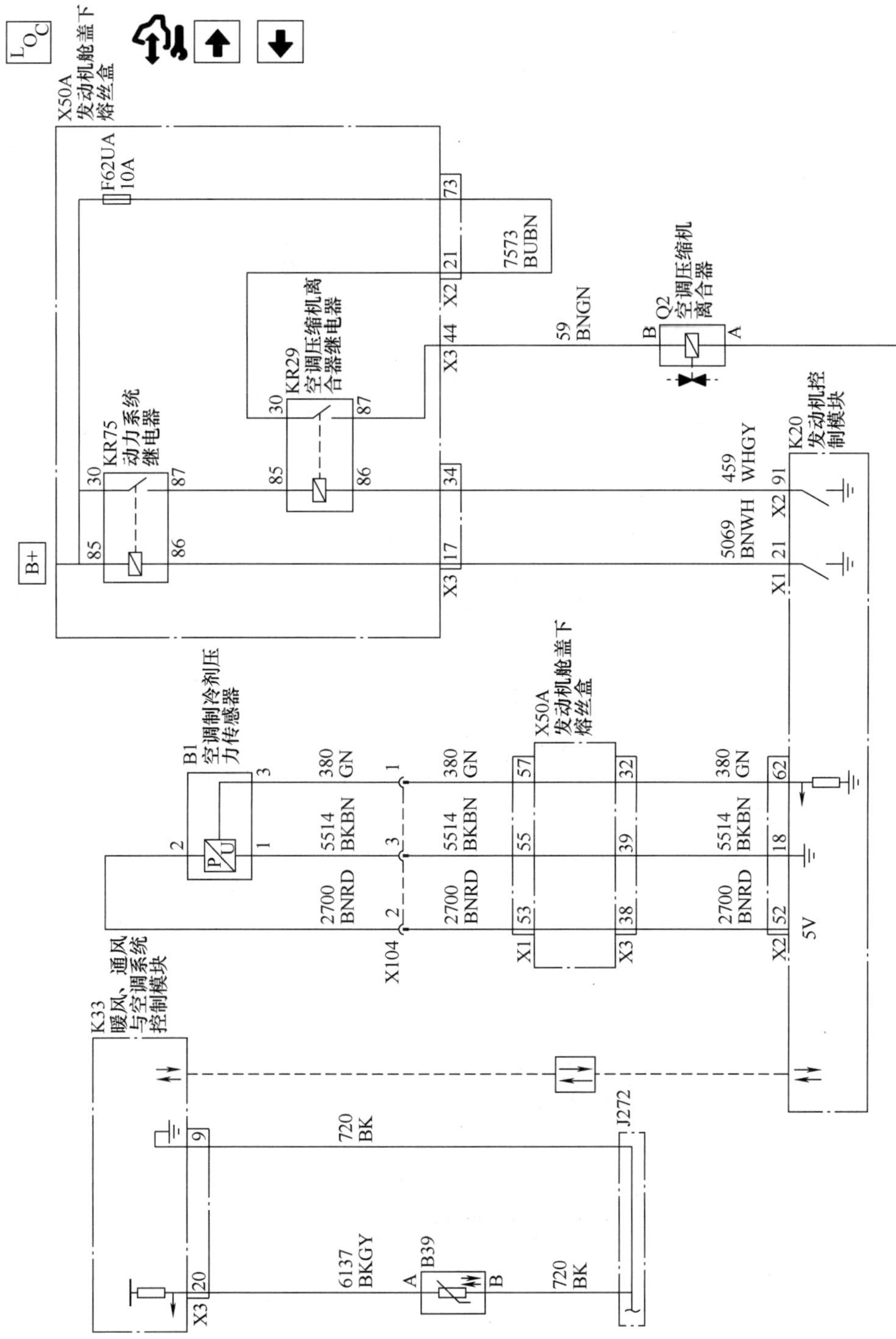

图 3-1-1-1　手动空调压缩机控制电路

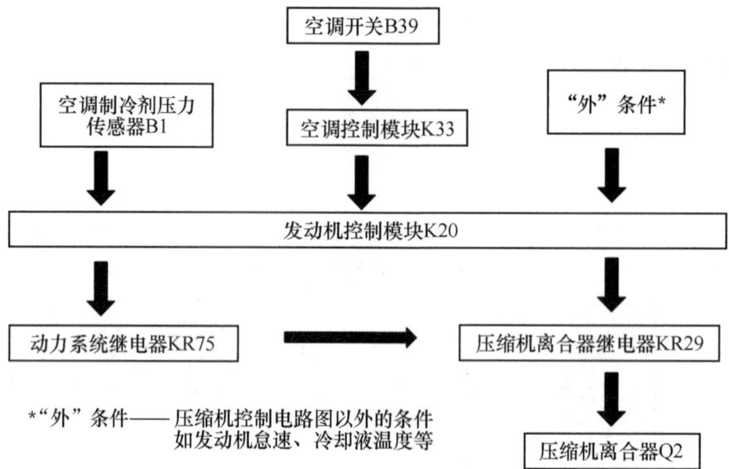

图 3-1-1-2　压缩机控制因果图

（一）制订检测流程

压缩机不工作排除故障流程如图 3-1-1-3 所示。

（二）根据流程图制订各分项目检测的表格（由学生查找资料制订）

项目检测计划表见表 3-1-1-3 和表 3-1-1-4。

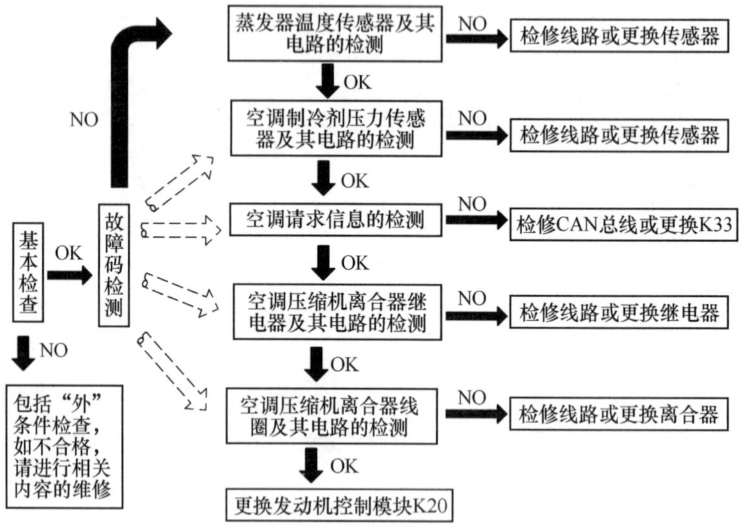

图 3-1-1-3　压缩机不工作排除故障流程

表 3-1-1-3　项目检测计划表一

执行器重新校准		
步骤	操作的内容	结果
1	起动车辆	
2	读取故障码	
3	读取数据流：开关空调，管路压力等	
是否能确定故障，制订下一步诊断操作（查找资料，把维修资料中相应的步骤写出来）		

表 3-1-1-4　项目检测计划表二（教师同意后执行）

压缩机不工作故障	教师：

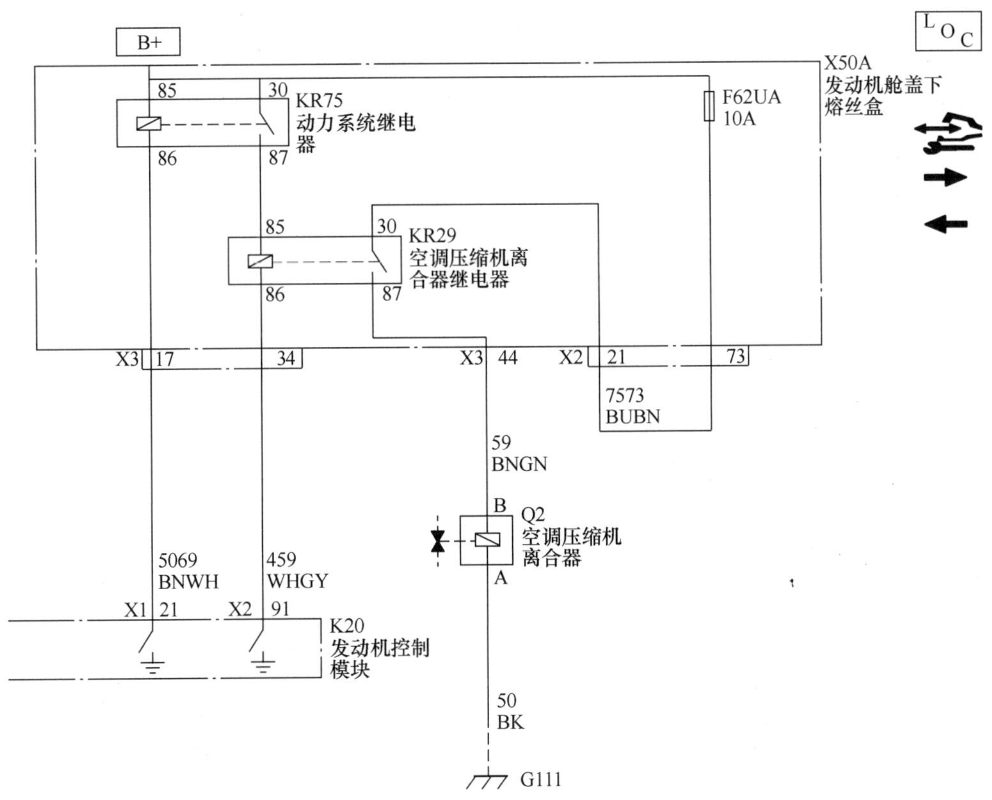

项目	操作步骤与操作内容（此内容由学生填写）	完成√	结果与结论
空调压缩机离合器继电器的检查			
空调压缩机离合器继电器线端导线检测			
发动机控制模块K20控制输出是否有信号输出（导线459WHGY）			

四、实施

（1）实践准备见表 3-1-1-5。

表 3-1-1-5　实践准备安排表

场地准备	6 人用实习场地一块，对应数量的课桌椅，黑板一块
工量(备件)具准备	常用工具、万用表、专用诊断仪
资料准备	教学课件、项目单；视频教学资料；网络教学资源；2012 款科鲁兹汽车维修手册一套
实践车辆预准备	（1）车辆停放举升机位，以便拆装随时举升用 （2）打开发动机舱盖，做好发动机舱及车内的防护工作 （3）更换模块时，断开汽车蓄电池负极
说明：	

（2）实施计划，完成各项目检测计划表及诊断总表的填写(表 3-1-1-6)。

表 3-1-1-6　实施计划表(诊断总表)(经小组讨论后填写)

故障现象	检测结果	诊断结论

五、检查评估

评价表见表 3-1-1-7。

表 3-1-1-7　评　价　表

<table>
<tr><td colspan="9">姓名：　　　　　　　　学号：　　　　　　　　用时：</td></tr>
<tr><th>序号</th><th>项目</th><th colspan="2">评分项目</th><th>评价标准</th><th>分值</th><th>学生自评</th><th>学生互评</th><th>教师评价</th></tr>
<tr><td>1</td><td>场地准备（5 分）</td><td colspan="2">按规定时间完成场地准备作业</td><td>未按时完成扣 5 分</td><td>5</td><td></td><td></td><td></td></tr>
<tr><td>2</td><td rowspan="7">质量要求（70 分）</td><td>工具准备</td><td>工具准备齐全</td><td>工具缺漏每次扣 1 分</td><td>2</td><td></td><td></td><td></td></tr>
<tr><td rowspan="6">3</td><td rowspan="6">发动机舱检查</td><td>检查发动机舱盖正常开启</td><td>检查方法不对扣 1 分</td><td>1</td><td></td><td></td><td></td></tr>
<tr><td>检查发动机润滑油油位</td><td>检查方法不对扣 1 分</td><td>1</td><td></td><td></td><td></td></tr>
<tr><td>检查冷却液量</td><td>检查方法不对扣 1 分</td><td>1</td><td></td><td></td><td></td></tr>
<tr><td>检查蓄电池电解液量或指示器颜色</td><td>未正确检查扣 1 分</td><td>1</td><td></td><td></td><td></td></tr>
<tr><td>检查蓄电池端子松动、腐蚀情况</td><td>未正确检查每项扣 1 分</td><td>1</td><td></td><td></td><td></td></tr>
<tr><td>检查发动机舱盖支撑杆固定情况</td><td>进行检查扣 1 分</td><td>1</td><td></td><td></td><td></td></tr>
</table>

（续）

序号	项目	评分项目		评价标准	分值	学生自评	学生互评	教师评价
4	质量要求（70分）	找出故障现象	找出故障现象并做好记录	未记录扣2分	2			
5		决策与分工	各组员合理分工	分工不合理扣2分	2			
			记录决策过程（工作步骤）	记录不完整扣2分	2			
6		画出电路控制因果图	要求相关元件齐全，因果关系明了	不完整每次扣2分	10			
7		查找资料	找出相关诊断信息	不完整每次扣2分	2			
			记录所在页码	记录不完整扣2分	2			
8		写出检测流程	制订检测步骤	不完整扣2分	4			
			写出各步骤的注意事项	未写注意事项扣2分	2			
			检测流程表交给指导教师审核是否有安全问题	未交表扣4分	4			
9		制作检测操作表格	制作检测操作表格	未完成表格扣2分	10			
10		检测	按流程检测	检测操作不正确每次扣1分	5			
			记录检测数据	记录不完整每项扣1分	5			
11		分析诊断	查找标准数据并记录	记录不正确每次扣2分	4			
			将标准数据与检测数据进行对比，做出判断	判断不正确每次扣2分	4			
12		排除故障	向指导教师汇报故障点	未汇报扣1分	1			
			提出排除故障方法	不会排除故障方法扣1分	1			
			经指导教师同意后排除故障	不会排除故障扣1分	1			
			复检	未复检扣1分	1			
13	5S情况（10分）	工作着装	干净整洁，无配饰	未按工作要求着装扣2分	2			
			穿着工作鞋	未穿工作鞋扣1分	1			
14		作业中	工作台摆放	摆放无序扣1分	1			
			量具放置	随意摆放一次扣1分	1			
			工具车及工具及时复位	不及时复位扣1分	2			
15		车辆、零件及时清洁	场地清洁	清洁不到位扣1分	1			
			废弃物处理	不按要求处理废弃物扣1分	1			
			设备等清洁归位	未及时清洁设备及归位扣1分	1			

（续）

序号	项目	评分项目		评价标准	分值	学生自评	学生互评	教师评价
16	工作安全（10分）	整体操作中	作业操作是否规范	操作姿势一次不正确扣1分，操作不规范扣1分	5			
			操作中有无人身损伤	出现人身损伤扣5分	5			
			有无重大安全事故	出现重大安全事故直接停止操作，总分计0分				
17	工作单填写情况（5分）	工作单填写	是否整齐、如实填写	未如实填写每次扣1分	3			
			作业前查看，作业后及时填写	作业前不查看工作单、作业后不及时填写每次扣1分	2			
本项目得分					100			
日期：								

六、知识链接

1. 汽车加速时的空调断开（关闭）器断开器

汽车加速时（从低速到高速）或者汽车超车加速，需要发动机增大功率来提供汽车加速所需动力，此时便应该切断通向压缩机离合器的电路，停止压缩机运行，汽车加速断开器便能行使该功能。

2. 电磁离合器控制电路

汽车空调压缩机电磁离合器电路中主要有：A/C开关、制冷剂高低压开关、制冷剂温度开关、冷却液温度开关、压缩机过热开关等控制元件。压缩机是否正常工作由其控制元件及其控制电路决定。

3. 压缩机电磁离合器

压缩机和发动机的传动链是通过电磁离合器（图3-1-1-4）在发动机运转时进行传递。当压缩机电磁离合器通电时，电磁线圈上有电压，就产生磁场。该磁场将弹簧板拉向转动的带轮。

A=0. 4~0. 78mm，电磁离合器电阻值为4Ω。

4. 汽车手动空调的组成

汽车手动空调的结构如图3-1-1-5所示。

5. 电控系统故障的主要性质

（1）层次性　从系统的观点看，可以认为系统是“元素”按一定的规律聚合而成的。当然，系统的“元素”可以是子系统，子系统的“元素”还可以是更深层次的子系统，如此类推，直到元件是物理元件为止，显然，系统是有层次的。故障的产生对应于系统的不同层次而表现出层次性。

（2）时间性　系统故障的产生与表现常常与时间有关，以及由其运行的动态性所决定，如渐进性故障、间歇故障等。

（3）相关性　复杂系统（如汽车发动机与汽车空调）是若干相互联系的子系统组成的整体，某些子系统的故障常常是由于与之相关子系统或下一级子系统的故障传播所致，从而表

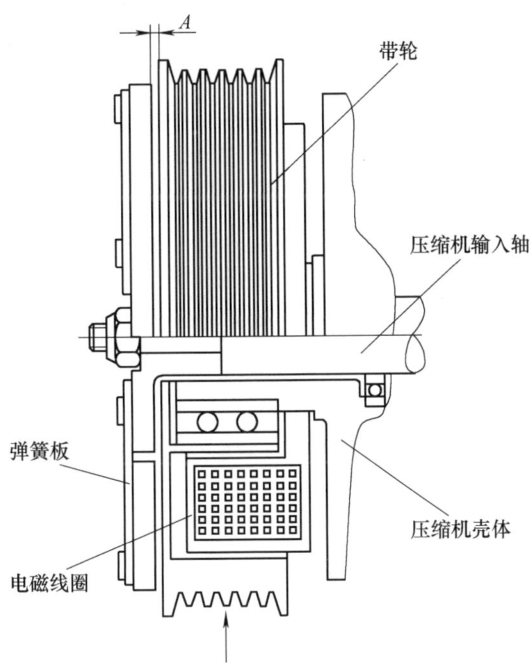

图 3-1-1-4　压缩机离合器

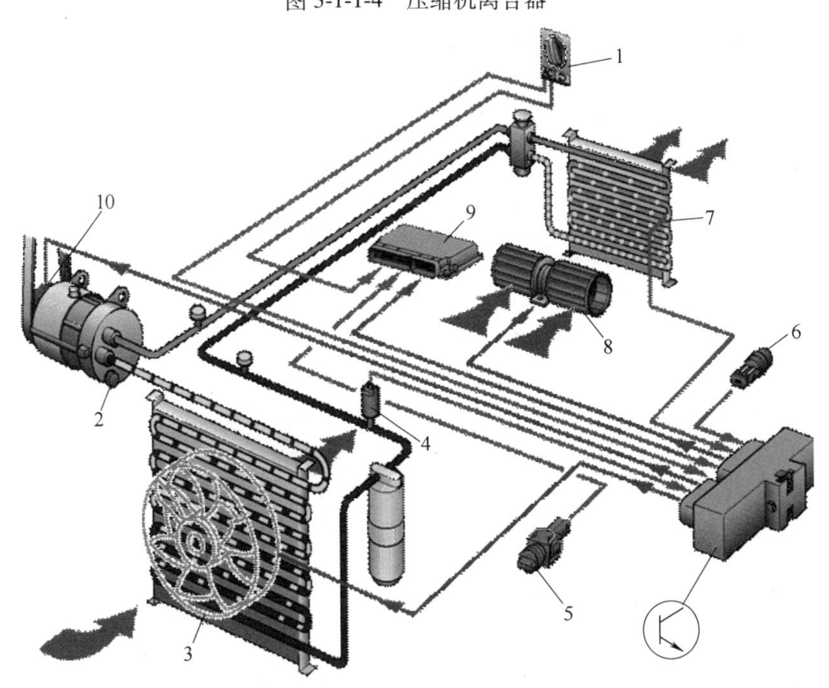

图 3-1-1-5　手动空调的结构

1—空调开关　2—卸压阀(压缩机)　3—散热风扇　4—高压压力传感器　5—冷却液温度传感器　6—散热风扇热敏开关　7—蒸发器温度开关　8—鼓风机　9—发动机控制单元　10—电磁离合器

现出相关性。

（4）模糊性　系统运行状态中的模糊性，以及人们在状态监测和技术诊断中存在着许多模糊的概念及方法。

（5）随机性　故障的发生常常与时间紧密相关的随机过程有关。

（6）未确知性　它既不是由于故障描述的模糊性所引起的，也不是因为随机性而产生的，而是由于人为主观上条件的限制。在系统故障已产生后，不能准确说明其发生的部位及原因，而它又确实存在，只是因条件不足人们不能完全感知。

（7）相对性　系统故障与一定的条件和环境有关，在不同条件和环境下的故障表现以及对其描述与划分存在不一致性，如不同的描述方法故障的程度就不同等。故障诊断是指系统在一定工作环境下查明导致系统某种功能失调的原因或性质，判断劣化状态发生的部位或部件，以及预测劣化状态的发展趋势等。诊断就是由现象判断本质，由当前预测未来，由局部推测整体的过程。在工程技术领域，也需要根据设备各种可测量的物理现象和技术参数的检测来推断设备是否正常运转，判断故障发生的原因和部件，预测潜在故障发生的原因等。借用医疗方面的术语，将给机器故障诊断的过程称为故障诊断。

6. 汽车电控系统故障诊断模式

一般来说，这是将实际上已存在的参考模式（标准模式）与现有的征兆按不同方式组成的相应的待检模式进行对比，而决定待检模式应划分为哪一类参考模式，即对系统当前状态进行模式识别。

在智能技术引入诊断领域之前，状态识别实际上是由领域专家完成的。随着人工智能技术特别是专家系统技术在诊断领域的应用，产生了基于知识的诊断推理这一发展方向，它模拟领域专家来完成状态识别任务。

这也是智能诊断技术与一般诊断技术最主要的差别：状态识别过程是一个由粗到精、由高层到低层直至找到满意的诊断解为止的逐层诊断过程。当然对于整个诊断过程，自然还应形成最后的干预决策，并付诸实施。综上所述，汽车电控故障诊断系统过程主要分三个步骤，即信号测取、征兆提取和状态识别。

汽车电控系统在设备诊断中，毫无疑问，应要求在每一步骤花费尽可能少，有关状态信息获取尽可能多，结果尽可能好。然而，各诊断步骤是彼此相互联系与相互影响的，各局部最优并不能保证全局最优。因此，还必须从全局出发，全面考虑整个诊断过程，从宏观上制订尽可能好的诊断策略。

越底层的诊断（如万用表检测电阻），可靠性越高。有可能会出现这样的情况：开始用诊断仪通过控制模块进行系统诊断，诊断结果指向某一执行器，而用万用表检测该执行器及相关电路均完好；出现这样的矛盾，我们该相信哪一个结果？在维修资料中，会建议更换控制模块。由于不能对控制模块内部进行全面检测，所以对控制模块的性能判断是有局限性的，对于这种情况，通常用排他法进行逐一排除。

任务二　汽车手动空调鼓风电动机控制电路故障诊断

一、资讯

（一）空调鼓风机控制系统

鼓风机电动机控制模块是暖风、通风与空调系统控制模块和鼓风机电动机之间的接口。来自暖风、通风与空调系统控制模块、蓄电池正极和搭铁电路的鼓风机电动机转速控制起动鼓风机电动机控制模块运转。暖风、通风与空调系统控制模块向鼓风机电动机控制模块提供脉宽调制（PWM）信号以指令鼓风机电动机转速。鼓风机电动机控制模块将脉宽调制信号转换成相应的鼓风机电动机电压。电压处于 2～13V，并且线性变化至脉宽调制信号的脉冲高度（图 3-1-2-1）。

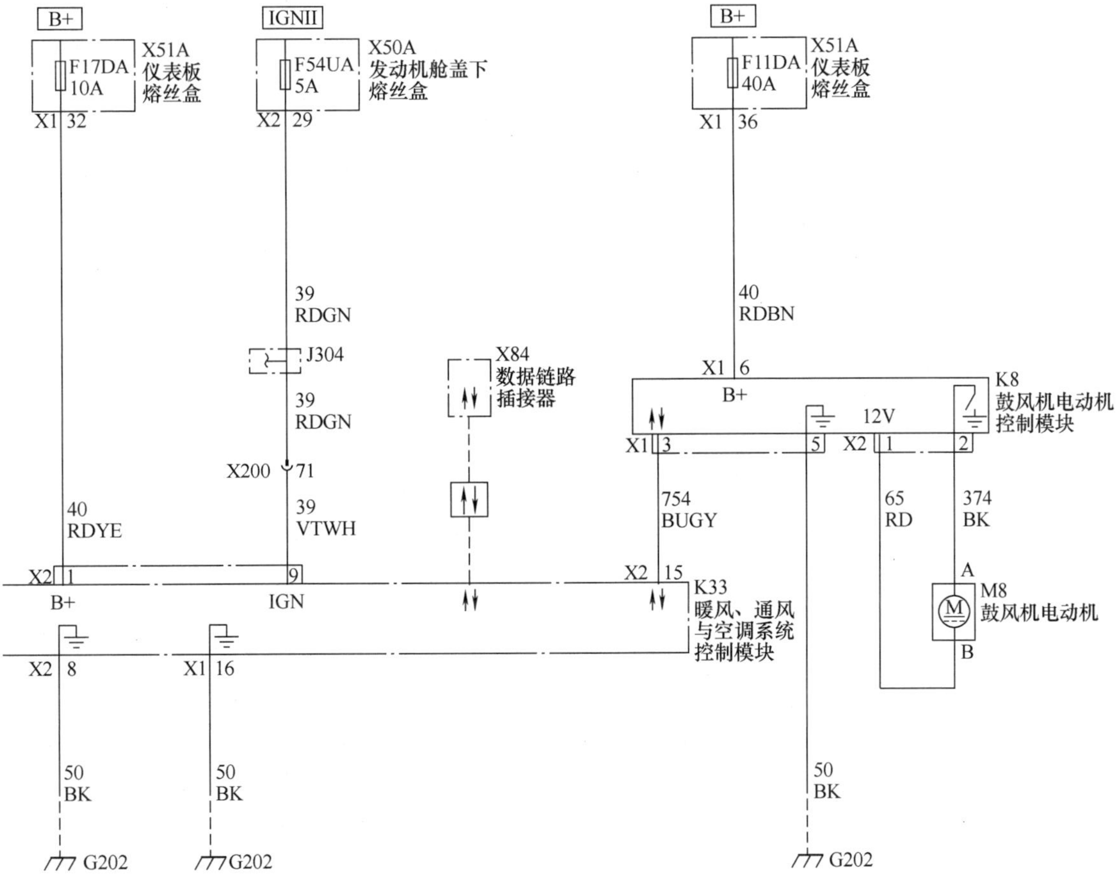

B+
F17DA 10A
X51A 仪表板熔丝盒
X1 32
IGNII
F54UA 5A
X50A 发动机舱盖下熔丝盒
X2 29
B+
F11DA 40A
X51A 仪表板熔丝盒
X1 36
39 RDGN
J304
39 RDGN
X200 71
39 VTWH
40 RDYE
X84 数据链路插接器
40 RDBN
X1 6
B+
12V
K8 鼓风机电动机控制模块
X1 3
5
X2 1
2
754 BUGY
65 RD
374 BK
A
M8 鼓风机电动机
B
X2 1
B+
9
IGN
X2 15
K33 暖风、通风与空调系统控制模块
X2 8
X1 16
50 BK
50 BK
50 BK
G202
G202
G202

图 3-1-2-1　手动空调鼓风机电路图

（二）设置故障诊断码

B0193 01 暖风、通风与空调系统控制模块输出至鼓风机电动机控制模块的电压始终过高。

B0193 06 暖风、通风与空调系统控制模块输出至鼓风机电动机控制模块的电压始终过低或浮动。

二、决策

每 6 人一组，每组选出一名负责人，负责进行本小组任务分配，组员按负责人要求完成相关任务内容，并将自己所在小组任务及个人任务内容填入任务决策表（表 3-1-2-1）中。

表 3-1-2-1 任务决策表

序号	小组任务	个人职责(任务)	负责人

查看相关电路图，画出鼓风机控制因果图(图 3-1-2-2)。

查找原厂维修手册，找出各诊断信息的主要内容及其所在的页码(表 3-1-2-2)。

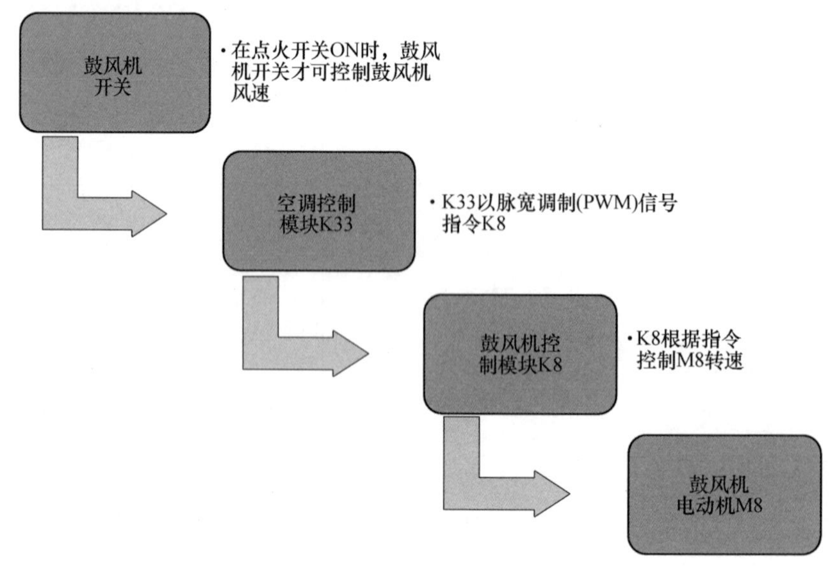

图 3-1-2-2 鼓风机控制因果图

表 3-1-2-2 资料记录表

信息	页码
电路图	
故障诊断信息：	
1. DTC	
2.	
3.	

三、计划

制订排除故障的计划，根据实际情况，由易到难，以较少的操作完成排除故障任务。具体的计划由学生制订，经老师审核后可以实施(以安全可控为原则,允许不同的思路或不同的求证方法)。

(一) 制定检测流程

鼓风机不工作故障排除流程如图 3-1-2-3 所示。

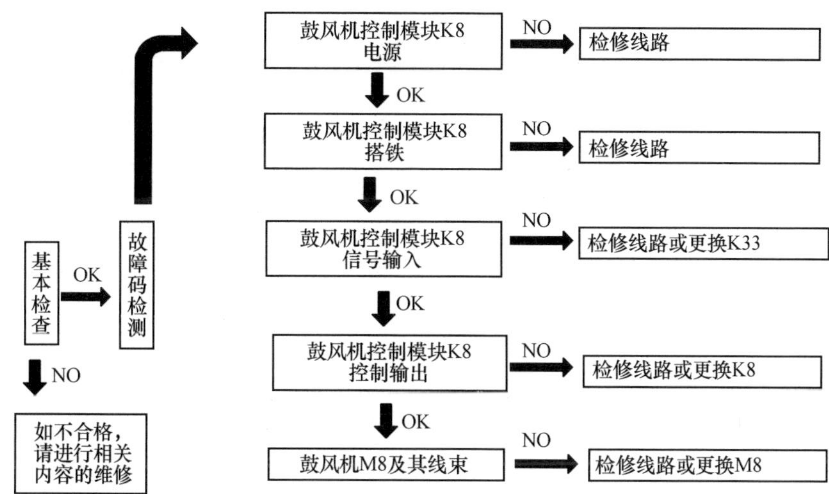

图 3-1-2-3　鼓风机不工作故障排除流程

（二）根据流程图制订各分项目检测的表格（由学生查找资料制订）

项目检测计划表见表 3-1-2-3 和表 3-1-2-4。

表 3-1-2-3　项目检测计划表一

项目	内容记录
基本检查	
仪器诊断	
确定故障码，制订下一步诊断操作。	

表 3-1-2-4　项目检测计划表二（教师同意后执行）

鼓风机不工作故障	教师：

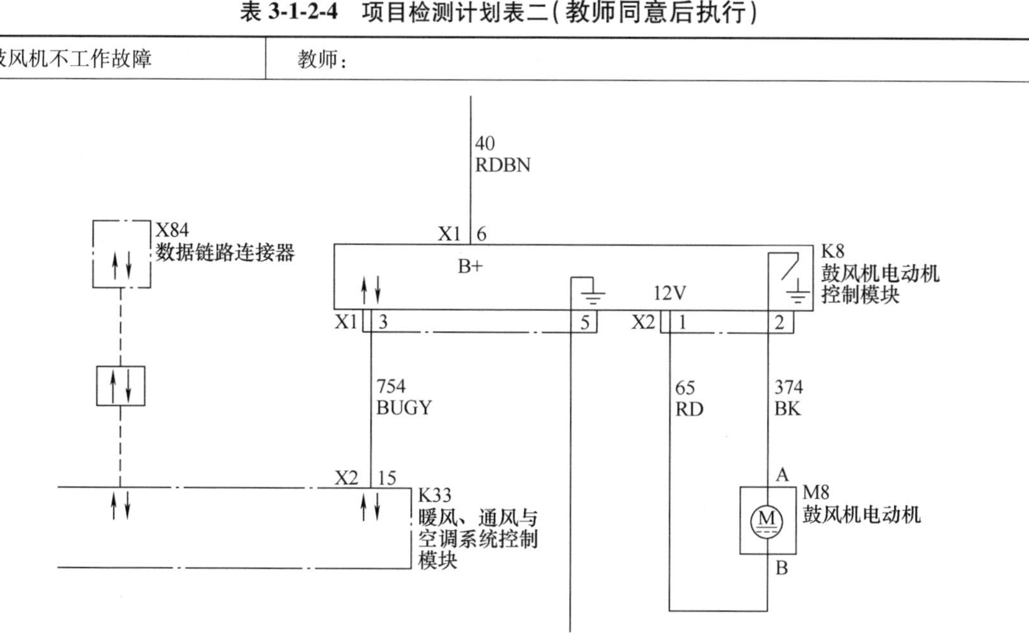

（续）

项目	操作步骤与操作内容（此内容由学生填写）	完成√	结果与结论
测试鼓风机电动机控制模块搭铁电路是否良好			
测试鼓风机电动机控制模块电源电路是否良好			
测试鼓风机电动机控制模块控制输出是否良好			
测试电动机是否良好			

四、实施

（1）实践准备见表 3-1-2-5。

表 3-1-2-5　实践准备安排表

场地准备	6 人用实习场地一块，对应数量的课桌椅，黑板一块
工量（备件）具准备	常用工具、万用表、专用诊断仪
资料准备	教学课件、项目单；视频教学资料；网络教学资源；2012 款科鲁兹汽车维修手册一套
实践车辆预准备	（1）车辆停放举升机位，以便拆装随时举升用 （2）打开发动机舱盖，做好发动机舱及车内的防护工作 （3）更换模块时，断开汽车蓄电池负极
说明：	

（2）实施计划，完成各项目检测计划表及诊断总表的填写（表 3-1-2-6）。

表 3-1-2-6　诊断总表（经小组讨论后填写）

故障现象	检测结果	诊断结论

五、检查评估

评价表见表 3-1-2-7。

表 3-1-2-7　评　价　表

姓名：　　　　　　　　学号：　　　　　　　　用时：

<table>
<tr><th>序号</th><th>项目</th><th colspan="2">评分项目</th><th>评价标准</th><th>分值</th><th>学生自评</th><th>学生互评</th><th>教师评价</th></tr>
<tr><td>1</td><td>场地准备（5 分）</td><td colspan="2">按规定时间完成场地准备作业</td><td>未按时完成扣 5 分</td><td>5</td><td></td><td></td><td></td></tr>
<tr><td>2</td><td rowspan="7">质量要求（70 分）</td><td>工具准备</td><td>工具准备齐全</td><td>工具缺漏每次扣 1 分</td><td>2</td><td></td><td></td><td></td></tr>
<tr><td rowspan="6">3</td><td rowspan="6">发动机舱检查</td><td>检查发动机舱盖能否正常开启</td><td>检查方法不对扣 1 分</td><td>1</td><td></td><td></td><td></td></tr>
<tr><td>检查发动机润滑油油位</td><td>检查方法不对扣 1 分</td><td>1</td><td></td><td></td><td></td></tr>
<tr><td>检查冷却液量</td><td>检查方法不对扣 1 分</td><td>1</td><td></td><td></td><td></td></tr>
<tr><td>检查蓄电池电解液量或指示器颜色</td><td>未正确检查扣 1 分</td><td>1</td><td></td><td></td><td></td></tr>
<tr><td>检查蓄电池端子松动、腐蚀情况</td><td>未正确检查每项扣 1 分</td><td>1</td><td></td><td></td><td></td></tr>
<tr><td>检查发动机罩支撑杆固定情况</td><td>未做检查扣 1 分</td><td>1</td><td></td><td></td><td></td></tr>
<tr><td>4</td><td rowspan="20">质量要求（70 分）</td><td>找出故障现象</td><td>找出故障现象并做好记录</td><td>未记录扣 2 分</td><td>2</td><td></td><td></td><td></td></tr>
<tr><td rowspan="2">5</td><td rowspan="2">决策与分工</td><td>各组员合理分工</td><td>分工不合理扣 2 分</td><td>2</td><td></td><td></td><td></td></tr>
<tr><td>记录决策过程(工作步骤)</td><td>记录不完整扣 2 分</td><td>2</td><td></td><td></td><td></td></tr>
<tr><td>6</td><td>画出电路控制因果图</td><td>要求相关元件齐全，因果关系明了</td><td>不完整每次扣 2 分</td><td>10</td><td></td><td></td><td></td></tr>
<tr><td rowspan="2">7</td><td rowspan="2">查找资料</td><td>找出相关诊断信息</td><td>不完整每次扣 2 分</td><td>2</td><td></td><td></td><td></td></tr>
<tr><td>记录所在页码</td><td>记录不完整扣 2 分</td><td>2</td><td></td><td></td><td></td></tr>
<tr><td rowspan="3">8</td><td rowspan="3">写出检测流程</td><td>制订检测步骤</td><td>不完整扣 2 分</td><td>4</td><td></td><td></td><td></td></tr>
<tr><td>写出各步骤的注意事项</td><td>未写注意事项扣 2 分</td><td>2</td><td></td><td></td><td></td></tr>
<tr><td>检测流程表交给指导教师审核是否有安全问题</td><td>未交表扣 4 分</td><td>4</td><td></td><td></td><td></td></tr>
<tr><td>9</td><td>制作检测操作表格</td><td>制作检测操作表格</td><td>未完成表格扣 2 分</td><td>10</td><td></td><td></td><td></td></tr>
<tr><td rowspan="2">10</td><td rowspan="2">检测</td><td>按流程检测</td><td>检测操作不正确每次扣 1 分</td><td>5</td><td></td><td></td><td></td></tr>
<tr><td>记录检测数据</td><td>记录不完整每项扣 1 分</td><td>5</td><td></td><td></td><td></td></tr>
<tr><td rowspan="2">11</td><td rowspan="2">分析诊断</td><td>查找标准数据并记录</td><td>记录不正确每次扣 2 分</td><td>4</td><td></td><td></td><td></td></tr>
<tr><td>将标准数据与检测数据进行对比，并做出判断</td><td>判断不正确每次扣 2 分</td><td>4</td><td></td><td></td><td></td></tr>
<tr><td rowspan="4">12</td><td rowspan="4">排除故障</td><td>向指导教师汇报故障点</td><td>未汇报扣 1 分</td><td>1</td><td></td><td></td><td></td></tr>
<tr><td>提出排除故障方法</td><td>不会排除故障方法扣 1 分</td><td>1</td><td></td><td></td><td></td></tr>
<tr><td>经指导教师同意后排除故障</td><td>不会排除故障扣 1 分</td><td>1</td><td></td><td></td><td></td></tr>
<tr><td>复检</td><td>未复检扣 1 分</td><td>1</td><td></td><td></td><td></td></tr>
</table>

（续）

序号	项目	评分项目		评价标准	分值	学生自评	学生互评	教师评价
13	5S情况（10分）	工作着装	干净整洁，无配饰	未按工作要求着装扣2分	2			
			穿着工作鞋	未穿工作鞋扣1分	1			
14		作业中	工作台摆放	摆放无序扣1分	1			
			量具放置	随意摆放一次扣1分	1			
			工具车及工具及时复位	不及时复位扣1分	2			
15		车辆、零件及时清洁	场地清洁	清洁不到位扣1分	1			
			废弃物处理	不按要求处理废弃物扣1分	1			
			设备等清洁归位	未及时清洁设备及归位扣1分	1			
16	工作安全（10分）	整体操作中	作业操作是否规范	操作姿势一次不正确扣1分，操作不规范扣1分	5			
			操作中有无人身损伤	出现人身损伤扣5分	5			
			有无重大安全事故	出现重大安全事故直接停止操作，总分计0分				
17	工作单填写情况（5分）	工作单填写	能否整齐、如实填写	未如实填写每次扣1分	3			
			作业前查看，作业后及时填写	作业前不查看工作单、作业后不及时填写每次扣1分	2			
本项目得分					100			
日期：								

六、知识链接

鼓风机是空调系统的气流源动力。

鼓风机气流图如图3-1-2-4所示。

空调控制器通过调速模块控制鼓风机起停与风量强度。鼓风机的控制档位一般有二、三、四、五速四种，最常见的是四速。

要使车内有舒适的环境，除了控制车室温度，还应控制送风量，即控制风机转速，以适应环境变化，满足驾驶人和乘客的不同需求。

鼓风机调速一般通过改变线路中电阻来实现，根据控制方法不同，可分为以下三种形式：

（1）手动鼓风机开关和调速电阻控制（图3-1-2-5和图3-1-2-6）。

（2）电控模块通过大功率晶体管控制（图3-1-2-7）。

（3）晶体管与调整电阻器组合型。

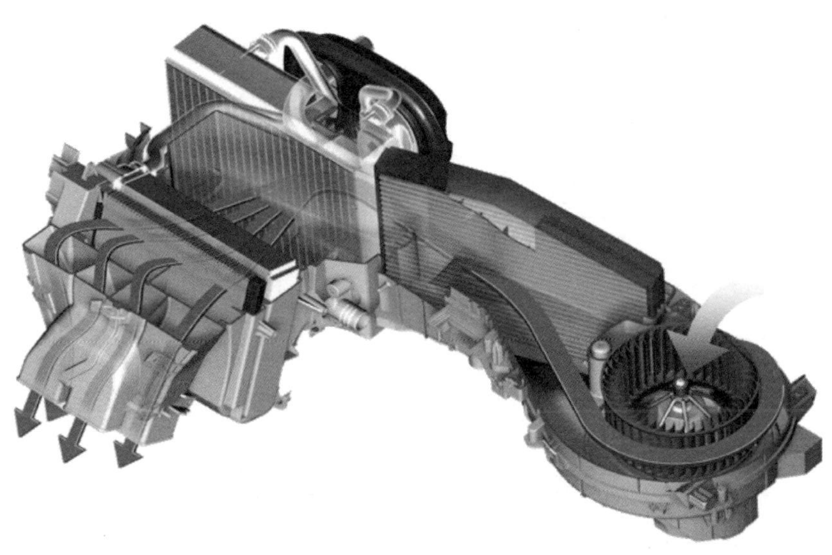

图 3-1-2-4　鼓风机气流图

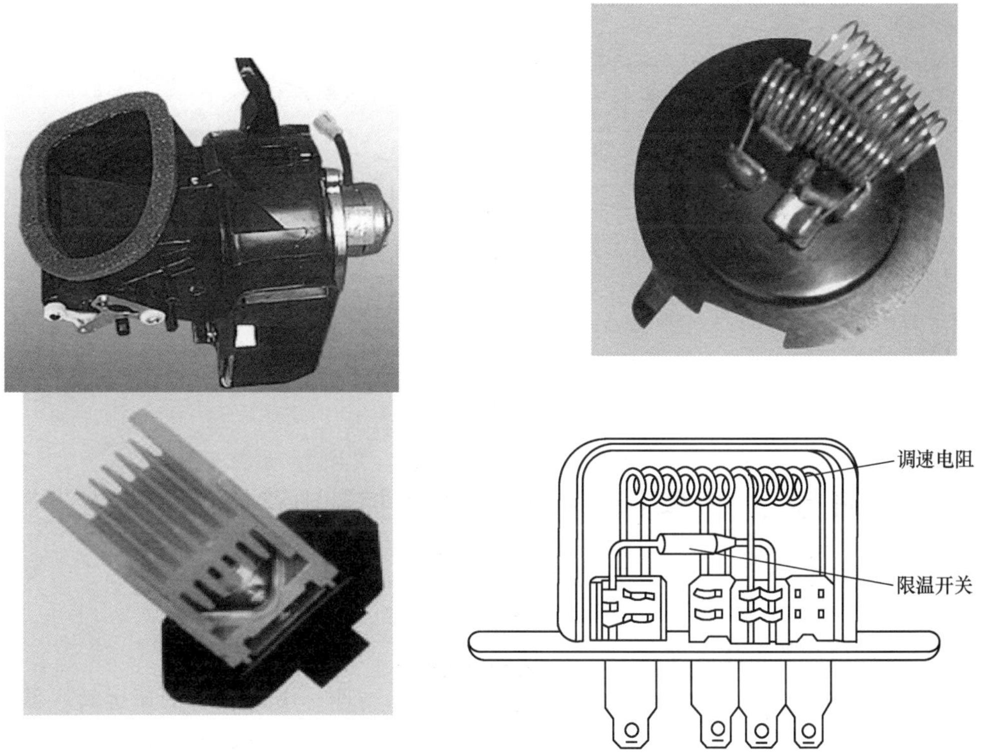

图 3-1-2-5　鼓风机调速电阻 1

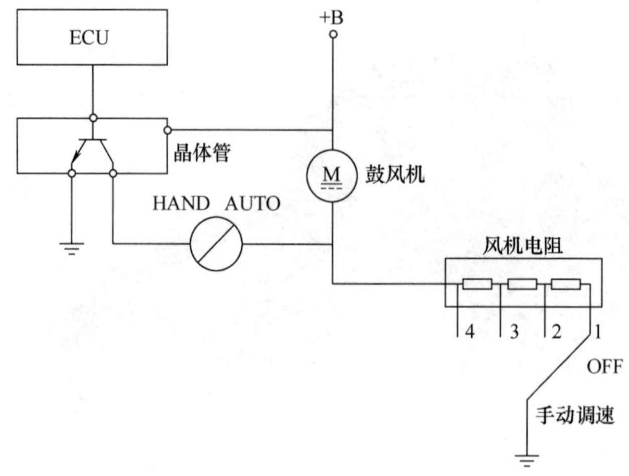

图 3-1-2-6 鼓风机调速电阻 2

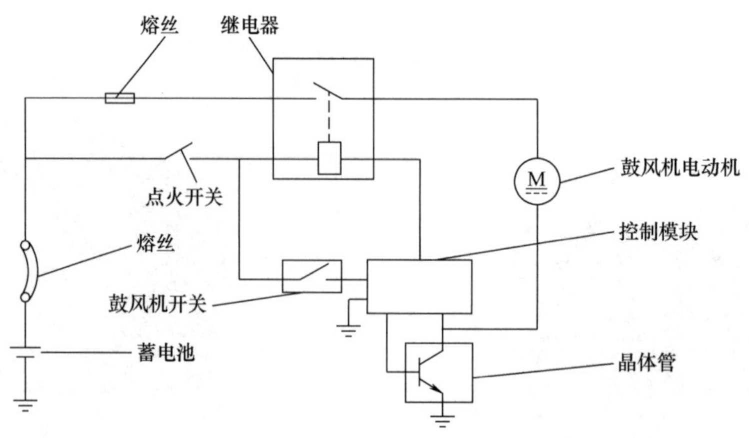

图 3-1-2-7 鼓风机晶体管控制风机电路

任务三 汽车手动空调冷凝风扇控制电路故障诊断

一、资讯

（一）冷却风扇的工作原理

发动机控制模块（ECM）根据冷却要求指令风扇以高速、中速或者低速运转。低速时，风扇减速运转。中速时，风扇置于更高的减速运转。高速时，风扇全速运转。

在低速运转时，发动机控制模块向发动机控制模块端子 51（X1）提供搭铁。冷却风扇继电器起动并为冷却风扇中速 2 继电器和冷却风扇速度控制继电器的线圈提供搭铁。冷却风扇速度控制继电器起动并向冷却风扇高速继电器的线圈提供电源。冷却风扇高速继电器保持不起动，因为发动机控制模块端子 71（X2）没有搭铁。冷却风扇中速 2 继电器通过冷却风扇端子 3 和内部风扇电阻器向发动机冷却风扇电动机提供电源。

在中速运转时，发动机控制模块向发动机控制模块端子 71(X1)提供搭铁。冷却风扇高速继电器保持不起动，因为冷却风扇速度控制继电器没有向线圈提供电源。冷却风扇中速 1 继电器起动并通过冷却风扇端子 2 和内部风扇电阻器向发动机冷却风扇电动机提供电源。

在高速运转时，发动机控制模块向发动机控制模块端子 51(X1)和 71(X2)提供搭铁。如上所述，高速运转时向冷却风扇端子 2 和 3 提供电源，另外，向冷却风扇高速继电器的线圈提供电源和搭铁。冷却风扇高速继电器起动并通过冷却风扇端子 4 向发动机冷却风扇电动机提供电源，旁通电阻。

（二）冷却风扇电路图

冷却风扇电路图如图 3-1-3-1 所示。

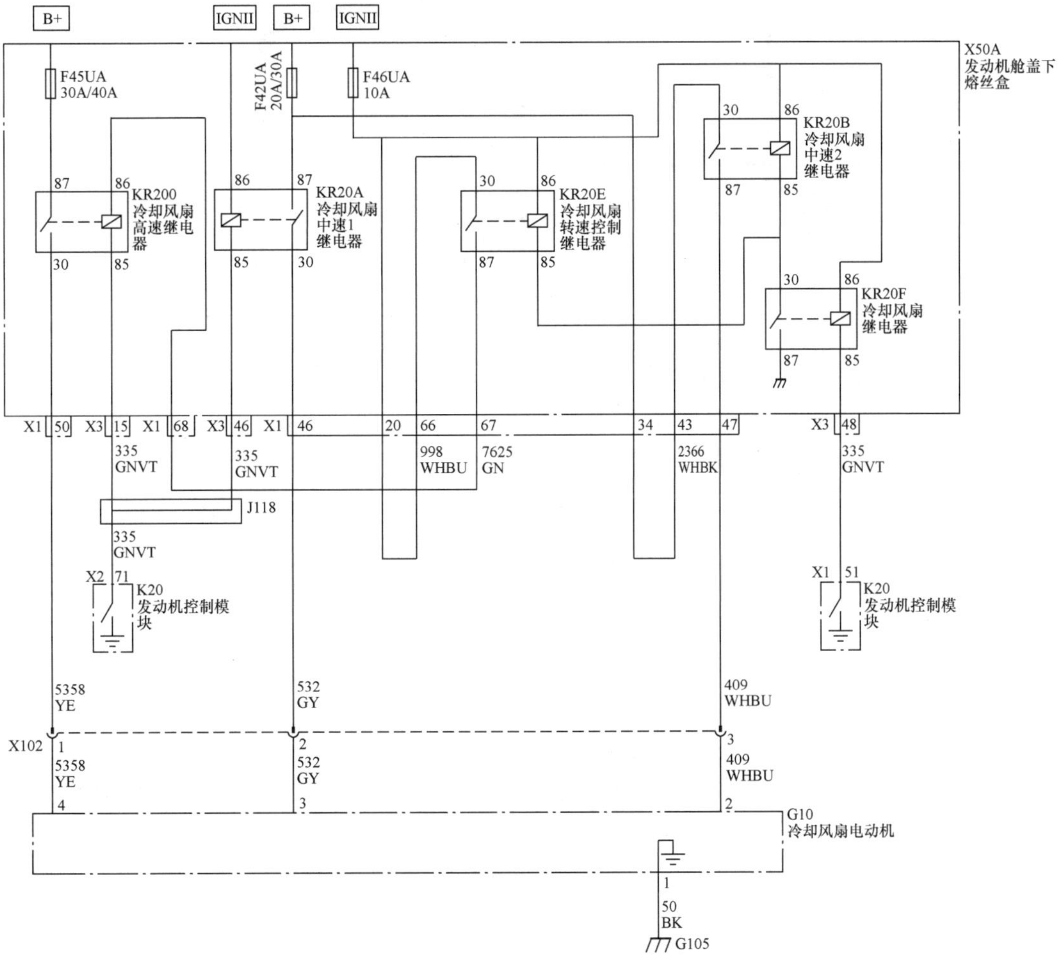

图 3-1-3-1　冷却风扇电路图

二、决策

每 6 人一组，每组选出一名负责人，负责进行本小组任务分配，组员按负责人要求完成相关任务内容，并将自己所在小组任务及个人任务内容填入任务决策表(表 3-1-3-1)中。

表 3-1-3-1　任务决策表

序号	小组任务	个人职责(任务)	负责人

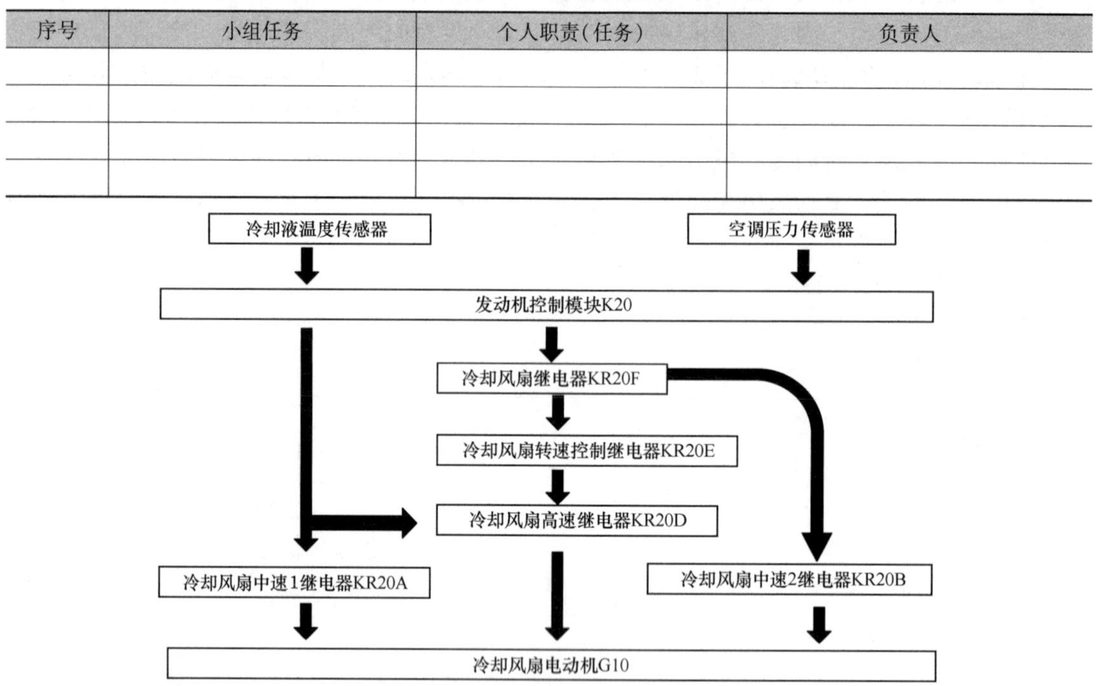

图 3-1-3-2　冷却风扇控制因果图

(1) 查看相关电路图，画出冷却风扇控制因果图(图 3-1-3-2)。

查找原厂维修手册，找出各控制模块相关端子电路的诊断信息。

例：中速 1 号、2 号继电器。

(2) 查找原厂维修手册，找出各诊断信息的主要内容及其所在的页码(表 3-1-3-2)。

表 3-1-3-2　诊断信息表

信息	页码
电路图	
故障诊断信息:	
1. DTC	
2.	
3.	

三、计划

制订排除故障的计划，根据实际情况，由易到难，以较少的操作完成排除故障任务。具体的计划由学生制订，经老师审核后可以实施(以指导教师认为安全可控为原则,允许采用不同的思路或不同的求证方法)。

(一) 制定检测流程

冷却风扇故障排除流程如图 3-1-3-3 所示。

(二) 根据流程图制订各分项目检测的表格(由学生查找资料制订)

项目检测计划表见表 3-1-3-3 和表 3-1-3-4。

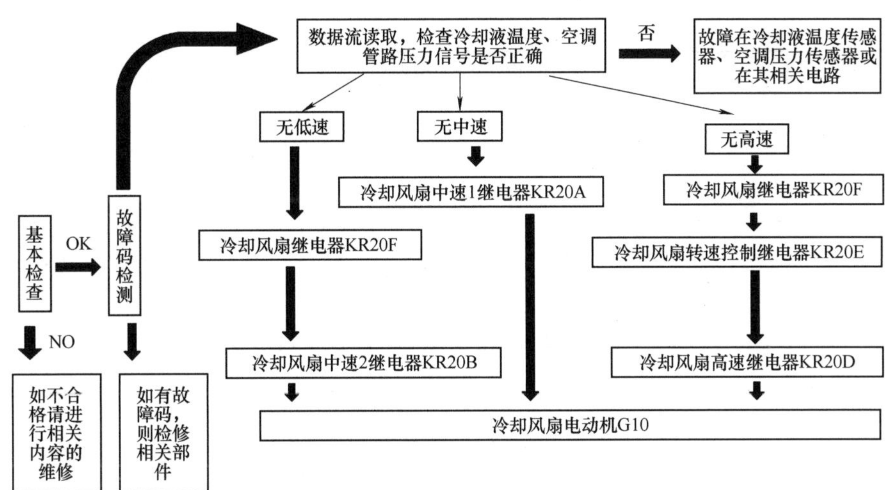

图 3-1-3-3　冷却风扇故障排除流程

表 3-1-3-3　项目检测计划表一

项目	内容记录
基本检查	
仪器诊断	

确定故障码，制订下一步诊断操作方案。

表 3-1-3-4　项目检测计划表二(教师同意后执行)

冷却风扇不工作故障	教师：

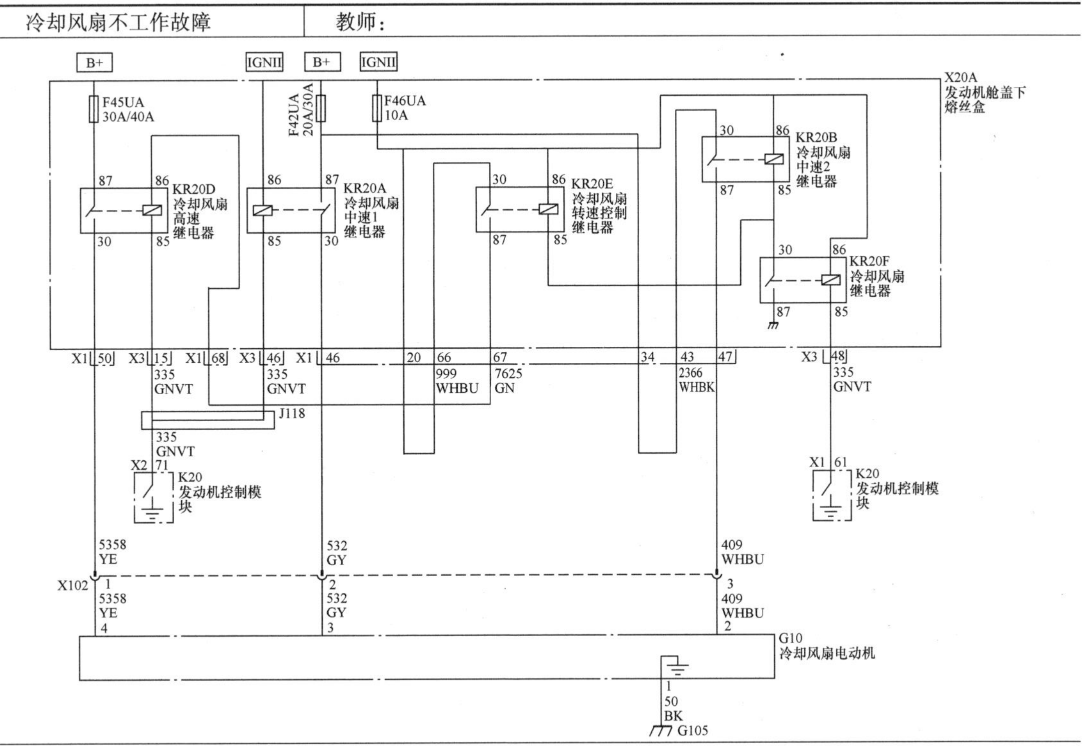

（续）

项目	操作步骤与操作内容（此内容由学生填写）	完成√	结果与结论
冷却风扇继电器KR20F的静态检测			
冷却风扇中速1继电器KR20A的静态检测			
冷却风扇转速控制继电器KR20E的静态检测			
冷却风扇高速继电器KR20D的静态检测			
冷却风扇继电器KR20F相关线路的检测			
冷却风扇中速1继电器KR20A相关线路的检测			
冷却风扇转速控制继电器KR20E相关线路的检测			
冷却风扇高速继电器KR20D相关线路的检测			
冷却风扇电动机G10性能检测（可用跨接线）			

四、实施

（1）实践准备见表3-1-3-5。

表 3-1-3-5　实践准备安排表

场地准备	6 人用实习场地一块，对应数量的课桌椅，黑板一块
工量（备件）具准备	常用工具、万用表、专用诊断仪
资料准备	教学课件、项目单；视频教学资料；网络教学资源；2012 款科鲁兹汽车维修手册一套
实践车辆预准备	（1）车辆停放举升机位，以便拆装随时举升用 （2）打开发动机舱盖，做好发动机舱及车内的防护工作 （3）更换模块时，断开汽车蓄电池负极
说明：	

（2）实施计划，完成各项目检测计划表及诊断总表的填写（表 3-1-3-6）。

表 3-1-3-6　诊断总表（经小组讨论后填写）

故障现象	检测结果	诊断结论

五、检查评估

评价表见表 3-1-3-7。

表 3-1-3-7　评　价　表

姓名：　　　　　　　　学号：　　　　　　　　用时：

序号	项目	评分项目		评价标准	分值	学生自评	学生互评	教师评价
1	场地准备（5 分）	按规定时间完成场地准备作业		未按时完成扣 5 分	5			
2	质量要求（70 分）	工具准备	工具准备齐全	工具缺漏每次扣 1 分	2			
3		发动机舱检查	检查发动机舱盖正常开启	检查方法不对扣 1 分	1			
			检查发动机润滑油油位	检查方法不对扣 1 分	1			
			检查冷却液量	检查方法不对扣 1 分	1			
			检查蓄电池电解液量或指示器颜色	未正确检查扣 1 分	1			
			检查蓄电池端子松动、腐蚀情况	未正确检查每项扣 1 分	1			
			检查发动机舱盖支撑杆固定情况	未作检查扣 1 分	1			

（续）

<table>
<tr><th>序号</th><th>项目</th><th colspan="2">评分项目</th><th>评价标准</th><th>分值</th><th>学生自评</th><th>学生互评</th><th>教师评价</th></tr>
<tr><td>4</td><td rowspan="20">质量要求（70分）</td><td>找出故障现象</td><td>找出故障现象并做好记录</td><td>未记录扣2分</td><td>2</td><td></td><td></td><td></td></tr>
<tr><td rowspan="2">5</td><td rowspan="2">决策与分工</td><td>各组员合理分工</td><td>分工不合理扣2分</td><td>2</td><td></td><td></td><td></td></tr>
<tr><td>记录决策过程(工作步骤)</td><td>记录不完整扣2分</td><td>2</td><td></td><td></td><td></td></tr>
<tr><td>6</td><td>画出电路控制因果图</td><td>要求相关元件齐全，因果关系明了</td><td>不完整每次扣2分</td><td>10</td><td></td><td></td><td></td></tr>
<tr><td rowspan="2">7</td><td rowspan="2">查找资料</td><td>找出相关诊断信息</td><td>不完整每次扣2分</td><td>2</td><td></td><td></td><td></td></tr>
<tr><td>记录所在页码</td><td>记录不完整扣2分</td><td>2</td><td></td><td></td><td></td></tr>
<tr><td rowspan="3">8</td><td rowspan="3">写出检测流程</td><td>制订检测步骤</td><td>不完整扣2分</td><td>4</td><td></td><td></td><td></td></tr>
<tr><td>写出各步骤的注意事项</td><td>未写注意事项扣2分</td><td>2</td><td></td><td></td><td></td></tr>
<tr><td>检测流程表交给指导教师审核是否有安全问题</td><td>未交表扣4分</td><td>4</td><td></td><td></td><td></td></tr>
<tr><td>9</td><td>制作检测操作表格</td><td>制作检测操作表格</td><td>未完成表格每项扣2分</td><td>10</td><td></td><td></td><td></td></tr>
<tr><td rowspan="2">10</td><td rowspan="2">检测</td><td>按流程检测</td><td>检测操作不正确每次扣1分</td><td>5</td><td></td><td></td><td></td></tr>
<tr><td>记录检测数据</td><td>记录不完整每项扣1分</td><td>5</td><td></td><td></td><td></td></tr>
<tr><td rowspan="2">11</td><td rowspan="2">分析诊断</td><td>查找标准数据并记录</td><td>记录不正确每次扣2分</td><td>4</td><td></td><td></td><td></td></tr>
<tr><td>将标准数据与检测数据进行对比，做出判断</td><td>判断不正确每次扣2分</td><td>4</td><td></td><td></td><td></td></tr>
<tr><td rowspan="4">12</td><td rowspan="4">排除故障</td><td>向指导教师汇报故障点</td><td>未汇报扣1分</td><td>1</td><td></td><td></td><td></td></tr>
<tr><td>提出排故方法</td><td>不会排除故障方法扣1分</td><td>1</td><td></td><td></td><td></td></tr>
<tr><td>经指导教师同意后排除故障</td><td>不会排除故障扣1分</td><td>1</td><td></td><td></td><td></td></tr>
<tr><td>复检</td><td>未复检扣1分</td><td>1</td><td></td><td></td><td></td></tr>
<tr><td rowspan="2">13</td><td rowspan="8">5S情况（10分）</td><td rowspan="2">工作着装</td><td>干净整洁，无配饰</td><td>未按工作要求着装扣2分</td><td>2</td><td></td><td></td><td></td></tr>
<tr><td>穿着工作鞋</td><td>未穿工作鞋扣1分</td><td>1</td><td></td><td></td><td></td></tr>
<tr><td rowspan="3">14</td><td rowspan="3">作业中</td><td>工作台摆放</td><td>摆放无序扣1分</td><td>1</td><td></td><td></td><td></td></tr>
<tr><td>量具放置</td><td>随意摆放一次扣1分</td><td>1</td><td></td><td></td><td></td></tr>
<tr><td>工具车及工具及时复位</td><td>不及时复位扣1分</td><td>2</td><td></td><td></td><td></td></tr>
<tr><td rowspan="3">15</td><td rowspan="3">车辆、零件及时清洁</td><td>场地清洁</td><td>清洁不到位扣1分</td><td>1</td><td></td><td></td><td></td></tr>
<tr><td>废弃物处理</td><td>不按要求处理废弃物扣1分</td><td>1</td><td></td><td></td><td></td></tr>
<tr><td>设备等清洁归位</td><td>未及时清洁设备及归位扣1分</td><td>1</td><td></td><td></td><td></td></tr>
</table>

（续）

序号	项目	评分项目		评价标准	分值	学生自评	学生互评	教师评价
16	工作安全（10分）	整体操作中	作业操作是否规范	操作姿势一次不正确扣1分，操作不规范扣1分	5			
			操作中有无人身损伤	出现人身损伤扣5分	5			
			有无重大安全事故	出现重大安全事故直接停止操作，总分计0分				
17	工作单填写情况（5分）	工作单填写	能否整齐、如实填写	未如实填写每次扣1分	3			
			作业前查看，作业后及时填写	作业前不查看工作单、作业后不及时填写每次扣1分	2			
本项目得分					100			
日期：								

六、知识链接

冷凝器/散热器风扇控制电路

冷凝器/散热器风扇控制电路通常由A/C开关、冷却液温度开关、制冷剂温度开关、制冷剂压力开关、继电器等元件组成。

车型不同，则配置风扇的数量不同，控制电路设计方面差异也很大，但其控制方式则大同小异，较典型的冷凝器散热风扇电路类型：

（1）A/C开关和冷却液温度开关联合控制型。

（2）制冷剂压力开关与冷却液温度开关组合控制型。

（3）压力开关与电脑组合控制型。

A/C开关和冷却液温度开关联合控制型电路如图3-1-3-4所示。

丰田LS400冷却风扇系统电路图如图3-1-3-5所示。

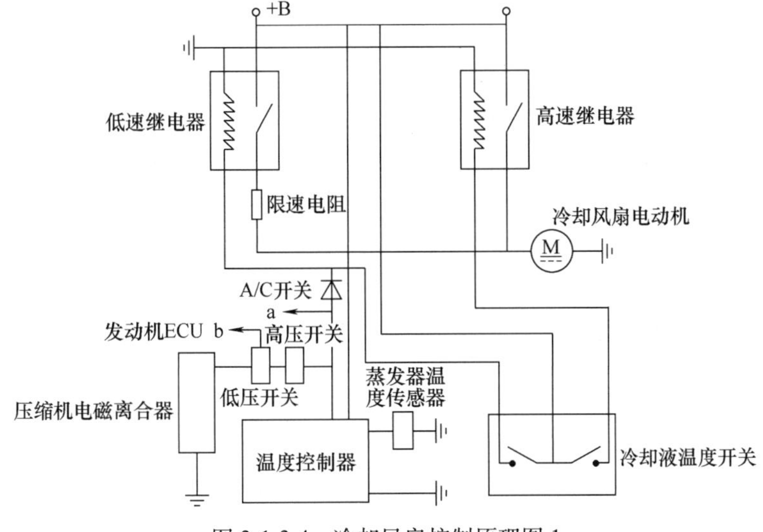

图3-1-3-4　冷却风扇控制原理图1

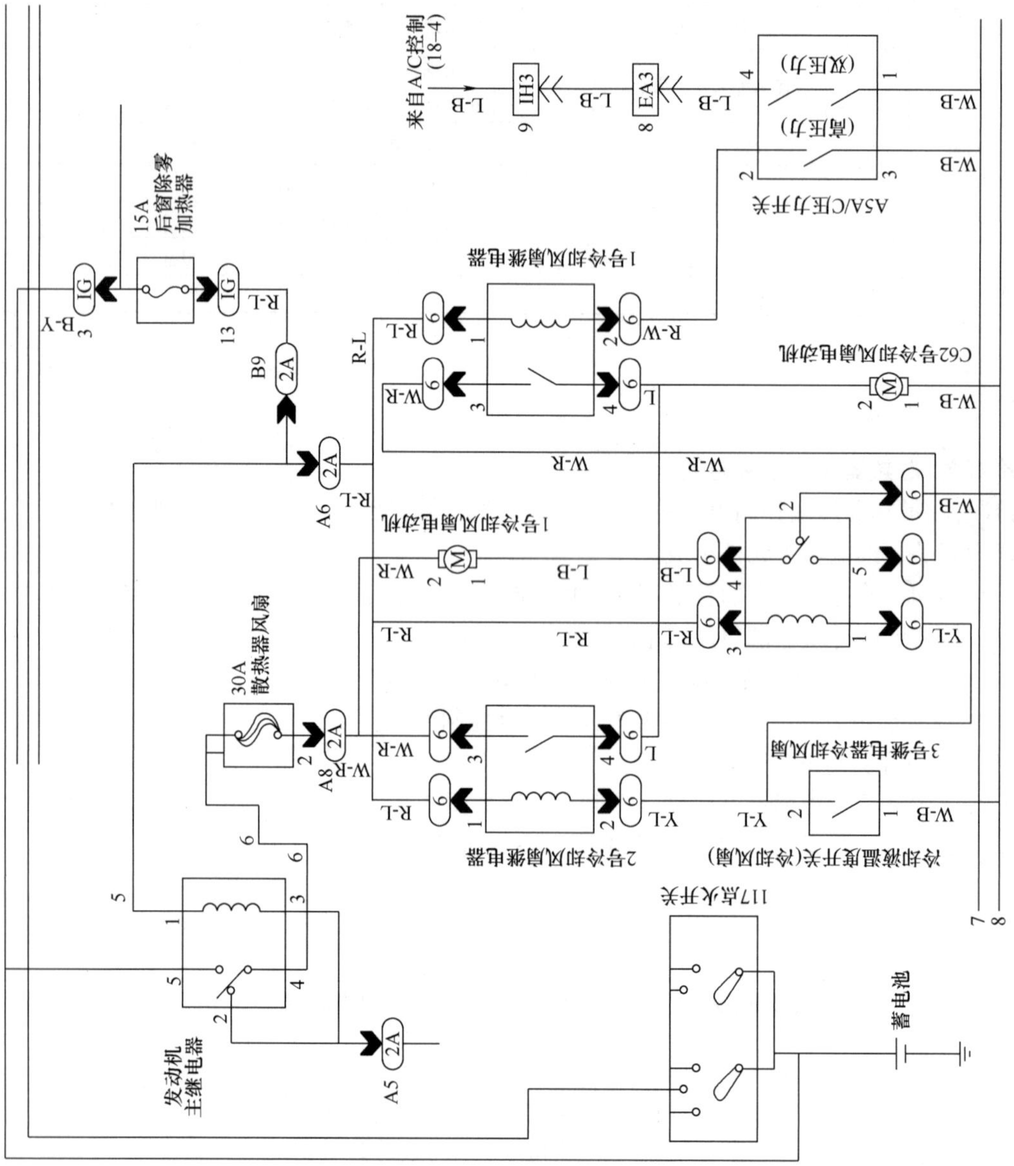

图 3-1-3-5 丰田 LS400 冷却风扇系统电路图

压力开关与计算机组合控制冷却风扇如图 3-1-3-6 所示。

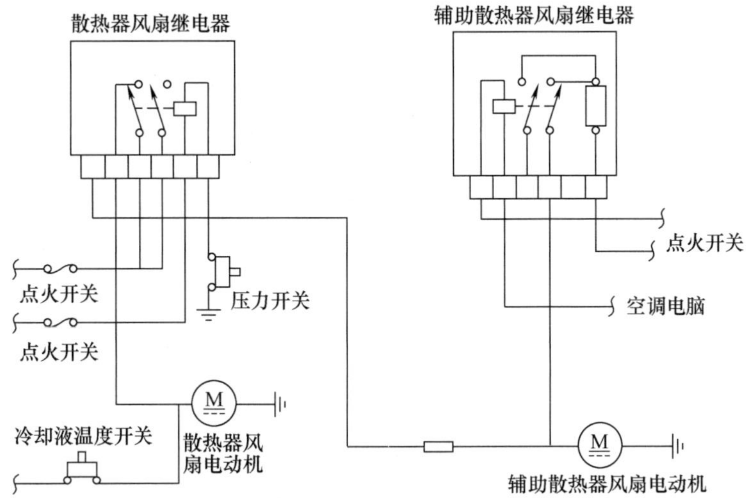

图 3-1-3-6　冷却风扇控制原理图 2

电控液压马达冷却风扇电路如图 3-1-3-7 所示。

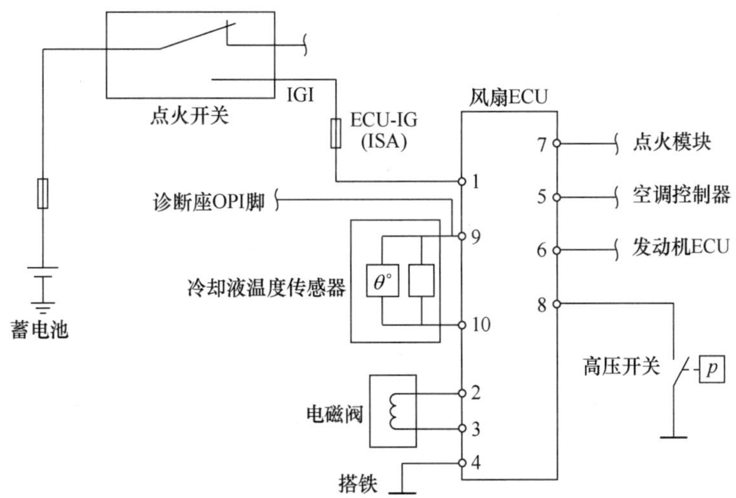

图 3-1-3-7　冷却风扇控制原理图 3